QUESTIONS DE DROIT

RELATIVES A

L'INCIDENT FRANCO-ALLEMAND

DE PAGNY

(Affaire Schnæbelé)

VIOLATION DE TERRITOIRE.
EFFET EXTRA-TERRITORIAL DE LA LOI PÉNALE.
ESPIONNAGE.
CONDITION FAITE AUX FONCTIONNAIRES
PUBLICS ÉTRANGERS
DANS LES RAPPORTS INTERNATIONAUX, ETC., ETC.

PAR

ÉDOUARD CLUNET

AVOCAT A LA COUR D'APPEL DE PARIS
Membre de l'Institut de droit international

PARIS

MARCHAL & BILLARD, LIBRAIRES DE LA COUR DE CASSATION
27, place Dauphine, 27

—

1887

QUESTIONS DE DROIT

RELATIVES A

L'Incident Franco-Allemand

DE PAGNY

QUESTIONS DE DROIT

RELATIVES A

L'INCIDENT FRANCO-ALLEMAND

DE PAGNY

(Affaire Schnæbelé)

VIOLATION DE TERRITOIRE.
EFFET EXTRA-TERRITORIAL DE LA LOI PÉNALE.
ESPIONNAGE.
CONDITION FAITE AUX FONCTIONNAIRES
PUBLICS ÉTRANGERS
DANS LES RAPPORTS INTERNATIONAUX, ETC., ETC.

PAR

ÉDOUARD CLUNET

AVOCAT A LA COUR D'APPEL DE PARIS
Membre de l'Institut de droit international

PARIS

MARCHAL & BILLARD, LIBRAIRES DE LA COUR DE CASSATION
27, place Dauphine, 27

1887

QUESTIONS DE DROIT

RELATIVES A

L'Incident Franco-Allemand

DE PAGNY

(AFFAIRE SCHNŒBELÉ)

I

Le 20 avril 1887, un commissaire de police français, invité par un commissaire de police allemand à venir conférer avec lui, franchissait la frontière franco-allemande entre Pagny-sur-Moselle et Novéant. A peine avait-il fait quelques pas sur le territoire allemand, que des agents de police allemands embusqués dans un champ s'élançaient sur lui, et, prétendant agir en vertu d'un mandat judiciaire, s'efforçaient de le mettre en état d'arrestation. Le commissaire français résistait à cette voie de fait ; il repoussait l'un de ses agresseurs, et rentrait sur le territoire français, distant de quelques mètres. Les deux agents allemands réunissaient alors leurs efforts, se jetaient de concert sur le commissaire français et parvenaient à le maintenir. Le commissaire français, traité en prisonnier, était dirigé entre deux gendarmes sur la ville de Metz et écroué dans une prison de cette ville.

La nouvelle de cet incident a produit en France et en Europe une émotion considérable. Nous nous proposons d'examiner les questions juridiques qu'il soulève, en écartant systématiquement tout mouvement sentimental. Nous voulons raisonner de ce cas délicat, comme s'il s'agissait d'un exemple tiré d'une histoire qui se serait déroulée sous une autre latitude, ou dans des temps très anciens.

La France et l'Allemagne, tout d'abord, ne sont pas d'accord en fait. La France estime que l'arrestation s'est accomplie sur le territoire français ; l'Allemagne soutient qu'elle a eu lieu au contraire en territoire allemand. Ce point de départ a une importance considérable ; vérifié dans le sens de la version française, l'incident devait être clos de suite. C'est seulement au regard de la version allemande que se présentent des questions plus complexes.

Cependant les deux gouvernements ont, comme d'usage, ordonné une enquête ; elle a été parallèlement conduite sur les deux territoires par la magistrature respective des deux pays ; de part et d'autre, des renseignements, des documents, des témoignages ont été réunis. On possèdera donc les éléments nécessaires pour élucider le point de fait. On sera à même de comparer les résultats recueillis, l'authenticité des informations, la valeur des témoignages, les possibilités physiques où les spectateurs de la scène étaient de voir et d'entendre. Malgré ces investigations, il n'est pas impossible que le désaccord persiste entre les deux pays sur les « modalités de l'arrestation », et que l'on ne soit ainsi amené à examiner les conséquences juridiques des deux hypothèses en présence. Cette recherche s'impose d'ailleurs nécessairement à raison des poursuites intentées contre le commissaire français devant les tribunaux allemands.

II

1re hypothèse : L'ARRESTATION DU COMMISSAIRE DE POLICE FRANÇAIS A ÉTÉ OPÉRÉE PAR LES AGENTS ALLEMANDS EN TERRITOIRE FRANÇAIS.

Cette hypothèse conduit à une solution d'une extrême simplicité. Nous n'avons à nous inquiéter ici, ni des ordres ou mandats de justice dont les agents allemands pouvaient être porteurs, ni des sentences que la justice allemande aurait pu rendre contre le magistrat français, ni des agissements antérieurs que l'Allemagne prétend avoir à lui reprocher. Aucun délit ne peut être poursuivi par un Etat sur le territoire d'un autre Etat ; aucun Etat ne peut se servir de ses agents en dehors de son territoire ; aucune sentence, ordre, mandat de justice ne produisent effet au delà du territoire où ils ont été délivrés, si ce n'est du consentement de l'Etat étranger, où l'exécution en est recherchée.

Ce sont là des manifestations de la souveraineté qui rencontrent leur limite au point où commence une autre souveraineté. Aucune notion n'est plus ferme aujourd'hui dans la doctrine universelle ; nous assistons à son application quotidienne dans l'ordre des intérêts privés ; elle ne soulève pas davantage de doute dans le droit public, en Allemagne comme ailleurs.

—« Aucune nation ne peut, par ses lois ni par ses actes, affecter directement, lier ou régler des objets qui se trouvent dans un territoire étranger. Aucun acte de juridiction étrangère ne peut non plus être exécuté dans le territoire d'une nation sans son consentement exprès ou tacite. L'intégrité et l'inviolabilité d'un Etat trouve ses limites naturelles dans celles des autres. Voici les conséquences pratiques des principes qui viennent d'être énoncés. L'autorité de tout acte et de tout établissement public expire aux limites du territoire. Les notaires ne peuvent pas y instrumenter, ni les autorités judiciaires et de police y exercer de poursuites. Les fonctionnaires de l'Etat n'y ont aucun caractère public. Chaque territoire représente à cet égard un asile pour les individus vis-à-vis des autres Etats (1). »

---

(1) Le *Droit international de l'Europe* (1883, p. 70), par M. Heffter, syndic de la couronne, conseiller à la Cour suprême de justice à Berlin ; 4ᵉ éd., par M. A. Geffcken, professeur de droit public à l'Université de Strasbourg.

— « Tous les publicistes sont d'accord pour admettre que le territoire d'une nation constitue une véritable propriété qui doit, à ce titre, être absolument inviolable et sur laquelle on ne peut pénétrer sans le consentement tacite ou exprès de son propriétaire légitime » (1).

— « Aucun Etat n'est tenu de tolérer sur son territoire qu'un Etat étranger y fasse aucun acte politique (*Statshandlung*) quelconque, acte de police ou d'impôt, d'administration judiciaire (*Justizgewalt*) ou militaire. Chaque Etat est obligé de s'abstenir d'entreprises semblables en territoire étranger (2). »

L'infraction à ces règles constitue tout à la fois une violation de territoire et une méconnaissance directe des principes les plus essentiels sur lesquels repose le commerce des peuples, parce qu'ils sont le fondement de leur indépendance et de leur existence comme personne internationale.

— » On ne peut, sans faire injure à l'Etat, entrer à main
» armée dans son territoire, pour y poursuivre un cou-
» pable et l'enlever. C'est, en même temps, donner at-
» teinte à la sûreté de l'Etat et blesser le droit d'empire
» ou de commandement suprême, qui appartient au
» souverain. C'est ce qu'on appelle violer le territoire ;
» et rien n'est plus généralement reconnu entre les na-
» tions pour une injure, qui doit être repoussée avec
» vigueur par tout Etat qui ne voudra pas se laisser op-
» primer (3). »

La violation d'un territoire indépendant, constituant un manquement grave aux devoirs que les nations sont

---

(1) *Droit international* (1889, t. 3, p. 474), par Calvo, ministre de la République argentine à Berlin (1887), membre de l'Institut de Droit international.

(2) *Das Moderne Völkerrecht* (Nordlingen, 1872) § 69, par Bluntschli, professeur à l'université de Heidelberg, président de l'Institut de droit international.

(3) *Le Droit des gens* (Liv. II, ch. VII, § 93), par Vattel. On sait qu'Emer de Vattel, né sujet du roi de Prusse, fut accrédité à Berne comme ministre de l'électeur de Saxe, roi de Pologne, Auguste III, en 1749.

tenues d'observer à l'égard les unes des autres, sous peine de retourner au régime de pure barbarie, entraîne pour l'Etat qui l'a commise, l'obligation d'offrir une réparation à l'Etat qui l'a subie.

« Lorsqu'un Etat ou son souverain a été lésé dans ses droits personnels et internationaux par une autorité étrangère placée en dehors de sa juridiction, il peut exiger non seulement par voie de réclamation, une satisfaction, mais encore il pourra, si elle lui est refusée, chercher à l'obtenir par la force. Cette satisfaction, les Etats puissants mêmes ne la refusent ordinairement pas à de plus faibles, auxquels ils ont causé des torts réels. La réparation consiste soit dans une indemnité du dommage matériel, soit dans l'envoi d'ambassades et dans des explications solennelles ». (1)

Les réparations accordées pour violation ou méconnaissance des règles du droit international sont nombreuses dans l'histoire du droit international et se sont produites dans des circonstances très variées.

Nous en citerons quelques-unes :

1685, entre Gênes et la France (2), — 1687, entre l'Angleterre et l'Espagne (3), — 1702, entre Venise et la France (4), — entre l'Angleterre et la Russie (5), — 1752, entre la Suède et la Russie (6), — entre les Pays-Bas et l'empereur d'Allemagne (7).

Plus récemment, en 1858, entre l'Angleterre et le Paraguay (aff. Constatt) (8), — en 1868, entre l'Angleterre et Haïti (9), — en 1834, entre la France et l'Angleterre (aff. Shaw à Madagascar) (10).

---

(1) Heffter et Geffcken, loc. cit., p. 227. Bluntschli, loc. cit, § 462-470. — (2) de Martens, Causes célèbres, II, p. 391. — (3) Ibid., p. 497. — (4) Ibid., p. 405. — (5) Ibid., t. I, p. 47. — (6) Ibid., t. II, p. 414. — (7) Ibid., p, 271.

(8) Calvo; loc. cit., t. I, § 351. — (9) Ibid., § 351. — (10) Livre jaune, 1884. Affaires de Madagascar. Lettre de M. Challemel-Lacour, ministre des affaires étrangères, à M. Waddington, ambassadeur de France à Londres, du 8 octobre 1883, — et note en réponse du Foreign Office à Lon-

L'octroi d'une légitime réparation n'a rien dont la dignité d'une nation ne puisse s'accomoder; les plus grandes n'ont pas hésité à l'offrir lorsqu'un examen attentif des faits dont elles étaient responsables leur a démontré, qu'avec leur assentiment ou à leur insu, elles avaient manqué à leur devoir international.

La nature et le mode de la réparation se règlent d'après le caractère et la gravité de l'infraction (1). Il est facile, d'ailleurs, entre deux pouvoirs civilisés, également avides de justice et de paix, de trouver un terrain d'entente. Il est clair que l'Etat offensé ou lésé ne devra exiger de l'Etat fautif rien d'incompatible avec la dignité d. ce dernier. Un peu de sincérité et de bonne volonté de part et d'autre conduiront aisément à une solution acceptable.

Si cependant, réduits à leurs seules ressources, les deux Etats intéressés s'épuisaient dans une « conversation diplomatique » sans issue, tout espoir d'entente ne disparaîtrait pas. Ce serait le cas ou jamais de recourir à l'intermédiaire d'une puissance amie et même à un Tribunal arbitral pour départager les contestants et maintenir le respect dû à des règles dont la stricte observation importe à tous les peuples.

Cette solution, d'ailleurs, se recommanderait par d'illustres exemples. Il nous suffira de prendre parmi les causes célèbres du droit des gens le différend anglo-américain au sujet de l'*Alabama*, terminé par sentence du Tribunal arbitral, réuni à Genève, le 14 septembre 1872, et le conflit hispano-allemand, né au sujet des îles Carolines et dénoué par jugement arbitral du Pape Léon XIII, le 22 octobre 1885.

Il nous paraît utile de terminer ces considérations générales sur l'examen de la première question en faisant

---

dres, du 29 octobre. La France a alloué 25,000 francs au missionnaire Shaw, dont l'arrestation et la détention ne lui ont pas paru justifiées.

(1) Bluntschli, loc. cit., § 469.

connaître un certain nombre d'espèces, empruntées à la jurisprudence diplomatique, sur la matière des violations de territoire ; on trouvera quelque intérêt à constater comment des questions analogues ont été résolues pratiquement entre Etats indépendants.

Ces exemples nous sont fournis par la Suisse dans ses rapports de frontières avec les grands Etats européens. La situation topographique de cet Etat, entouré de toutes parts par de puissants voisins, est une cause continuelle de conflits de ce genre. Nous les avons relevés avec soin pendant ces quatre dernières années (1883-1886) dans les rapports présentés à l'Assemblée fédérale par le Conseil fédéral suisse sur sa gestion annuelle, et que nous tenons de l'obligeance du gouvernement helvétique.

En une telle matière, les documents positifs fournissent souvent des arguments plus heureux que les plus imposantes théories. On y aura aussi le consolant spectacle de ce que peut un peuple, qui sans appuyer ses légitimes revendications sur de gros bataillons, obtient cependant le respect de ses droits par la fermeté et la dignité de son attitude.

En 1883, violation du territoire suisse par des agents de la douane autrichienne à Saint-Margarethen qui arrêtent en territoire suisse les nommés Belli et Bluch, deux colporteurs d'écrits socialistes. Le gouvernement austro-hongrois saisi d'une réclamation de la Suisse croit devoir l'écarter par cette considération, devant laquelle la Suisse s'incline, qu'un gendarme saint-gallois avait coopéré à l'arrestation. — Cette même année, deux douaniers autrichiens violent le sol suisse au Schergenhof, canton des Grisons, la Suisse réclame, et le gouvernement autrichien accorde « les satisfactions d'usage ».

En 1884, le 15 octobre, deux agents badois violent le territoire suisse en y poursuivant le sieur Schroff, sujet allemand, arrêté à Constance, sous la prévention de colportage d'écrits socialistes et qui s'était échappé pendant son transport. La Suisse réclame ; le gouvernement badois ouvre une enquête, et en communique le résultat à la puissance réclamante. Le gouvernement badois reconnaît que l'arrestation de Schroff est illégale, ordonne sa mise en liberté immédiate et fait adresser une réprimande aux agents fautifs. « Après nous avoir exprimé son profond regret au sujet de l'incident, le gouvernement grand-ducal ajoute qu'il a pris les mesures nécessaires pour empêcher le renouvellement de faits de cette nature. »

En juillet 1884, le gouvernement italien prend des mesures sanitaires pour combattre le choléra qui s'était déclaré en dehors de son territoire ; il établit à cet effet une quarantaine de cinq jours le long de la frontière suisse, et en impose l'observation à l'aide d'un cordon militaire. A cette occasion, des violations de territoire ont lieu à Ponte-Tresa. Ces incidents excitent vivement les esprits en Suisse ; la Suisse réclame les réparations d'usage. L'Italie, après avoir exprimé ses regrets, ouvre une enquête sans délai. Les deux fonctionnaires italiens sont punis, l'un transféré à une autre destination, et l'autre simplement admonesté.

Dans la nuit du 20 au 21 janvier 1885, à Monstein-Au Rheinthal, des douaniers autrichiens, à la poursuite de contrebandiers ou pour les empêcher de passer le Rhin, tirent sur eux : les projectiles viennent frapper le territoire suisse. Le ministre de Suisse à Vienne réclame. Le gouvernement autrichien interdit à ses douaniers, sous la menace des peines les plus sévères de tirer à balle à travers le Rhin contre la frontière suisse et prend les mesures nécessaires pour prévenir la répétition de semblables événements.

Le 19 juillet 1886, des douaniers italiens pénètrent sur le territoire suisse, près de Novazzano, district de Mendrizio, et procèdent à l'arrestation d'un journalier italien, Riva, travaillant à une vigne. Riva est frappé, menotté et transporté de vive force sur le territoire italien, incarcéré, puis relâché, pour des motifs inconnus. Sur a réclamation de la Suisse, des punitions sévères sont infligées par l'Italie à ses agents coupables.

Le 23 septembre 1886, trois femmes, dont deux Suissesses et une Badoise, sont arrêtées à la gare du Central de Bâle, par les employés des péages allemands, au moment où elles s'apprêtaient à introduire, par contrebande, en Alsace, une quantité de montres, qu'elles portaient, dissimulées dans leurs vêtements. Transportées à Huningue (Alsace), à travers le territoire suisse, elles sont écrouées dans les prisons de cette ville. Le ministre de Suisse à Berlin réclame l'élargissement des prisonnières, une indemnité équitable et la punition des agents fautifs. Mais avant que ces réclamations soient même transmises à Berlin, les trois prisonnières sont remises en liberté sur l'ordre de l'autorité supérieure des douanes allemandes.

On remarquera que dans tous ces cas, sauf dans celui du 23 septembre 1886, la Suisse a demandé et obtenu des réparations des différents Etats auxquels elle s'est adressée, uniquement pour la satisfaction du principe de l'inviolabilité du territoire. En effet, les individus, appréhendés illégalement chez elle, étaient sujets de l'Etat qui violait la frontière, avaient commis un délit sur le sol de cet Etat, et n'avaient avec l'Etat, dont la souveraineté territoriale était méconnue, aucun lien d'allégeance qui leur permît de se réclamer de lui.

Mais la Suisse a victorieusement lutté pour l'observation de cette règle, si bien formulée par les publicistes allemands, que « chaque territoire représente un asile pour les individus, vis-à-vis des autres Etats » (1). Elle a, pour le plus grand profit de la communauté internationale, fait consacrer à nouveau que l'effet de cet asile ne pouvait cesser qu'en vertu d'un acte de la souveraineté du pays de refuge, libre de procéder contre les réfugiés, dans la sphère de son indépendance ou les limites de ses accords diplomatiques.

---

(1) Heffter et Geffcken, loc. cit., p. 70.

Combien ces considérations ne s'imposeront-elles pas plus énergiquement encore, lorsque ceux que l'acte illégal de l'Etat étranger vient saisir sur le sol national sont les libres citoyens du territoire violé ! Ici, non seulement la méconnaissance de la souveraineté d'autrui revêt un caractère plus intolérable encore, mais elle tend à dépouiller cette souveraineté de la plus essentielle de ses prérogatives, qui est, dans l'étendue du territoire, de disposer, à l'exclusion absolue de toute puissance autre que la sienne, de l'honneur, de la liberté et des biens de ses ressortissants.

Dans la suite de notre étude, nous examinerons les questions juridiques soulevées par la deuxième hypothèse, celle où l'arrestation du commissaire français aurait eu lieu en territoire allemand.

C'est dans ce cas seulement que les objections tirées des droits de la souveraineté allemande et de l'application de ses lois pénales ne doivent pas être écartées par une fin de non-recevoir péremptoire, et méritent au contraire d'être l'objet d'une critique attentive. Elles confinent d'ailleurs aux problèmes les plus ardus du droit pénal international. Il suffira pour s'en convaincre de résumer les « positions », si l'on nous pardonne ce terme scholastique, que le sujet comporte, en l'envisageant objectivement, tant au point de vue de la loi allemande que du droit international :

1º Les actes délictueux reprochés à l'agent étranger ont été accomplis sur le territoire national. *a*) Flagrant délit ; *b*) absence de flagrant délit.

2º Les actes délictueux reprochés à l'agent étranger ont été accomplis sur le territoire étranger. Effet extraterritorial de la loi pénale dans le droit positif.

3º Le caractère exceptionnel de l'extra-territorialité du droit pénal à l'égard d'actes commis à l'étranger par des étrangers doit-il être étendu à la matière de l'espionnage, notamment envers les fonctionnaires publics étrangers ?

4º Dans tous les cas, la juridiction nationale procédera-t-elle légitimement contre l'étranger, individu ou fonctionnaire, si sa présence sur le territoire a été provoquée, sous un prétexte quelconque?

III

2° hypothèse : L'ARRESTATION DU COMMISSAIRE DE POLICE FRANÇAIS A EU LIEU EN TERRITOIRE ALLEMAND.

Nous nous efforcerons de donner à la version allemande toute son efficacité en la formulant de la façon la plus favorable aux objections dont elle a été le point d'appui en Allemagne.

Notre tâche est d'ailleurs facilitée par la publication d'un important document. L'accusation contre le commissaire français a été précisée officiellement dans une note remise par le ministre de la justice d'Allemagne à son collègue du ministère des affaire étrangères, et publiée, à Berlin, dans le *Nord deutsche Zeitung* du 28 avril 1887 (1). Nous lui faisons quelques emprunts :

« Dans le courant du mois de février de cette année, MM. Tobias Klein, agent commercial à Strasbourg, et Martin Grebert, fabricant à Schiltigheim, soupçonnés de haute trahison, furent arrêtés.

» Il a été ouvert contre eux, en vertu de l'article 92, § 1ᵉʳ du Code criminel, une information sous l'inculpation d'avoir communiqué au gouvernement français à une époque qui ne comporterait pas encore la prescription, des renseignements et des plans de fortification en sachant bien que le secret sur ces points, vis-à-vis du

---

(1) Ce document a été publié par la plupart des journaux français parus à Paris le 29 avril 1887, et notamment par le *Journal des Débats*.

gouvernement français était nécessaire pour le bien de l'empire allemand. Suivant la note, M. Klein se serait mis en rapport de correspondance successivement avec différents agents français, et en dernier lieu avec M. Schnœbelé, commissaire de police français, à Pagny-sur-Moselle. Trois lettres de M. Schnœbelé, auraient été trouvées au domicile de M. Klein. A la suite de ces aveux, le juge d'instruction chargea M. Gautsch (commissaire de police allemand), qui avait été mis à sa disposition, de tâcher de s'emparer de M. Schnœbelé, commissaire de police français, accusé de haute trahison et de l'arrêter dans le cas où il mettrait les pieds sur le territoire allemand. C'est en vertu de cet ordre que M. Schnœbelé a été arrêté le 20 avril courant.

» L'arrestation, ainsi que cela a été prouvé, a eu lieu sur le territoire allemand. M. Schnœbelé, après avoir, dans le premier interrogatoire, nié toute culpabilité, et avoir affirmé que son arrestation a été opérée sur le territoire français, ne maintient plus cette dernière affirmation avec la même assurance ; il admet la possibilité d'une erreur de sa part à ce sujet. Il avoue en même temps avoir écrit les trois lettres dont il est question et avoir servi d'intermédiaire pour la correspondance de Klein, qualifiée de tentative de haute trahison. Le colonel Vincent qui a été nommé par lui et par M. Klein, est déjà connu par la Cour suprême de l'empire, comme chef du bureau français d'informations à Paris, à cause des procès de haute trahison dirigés contre le capitaine danois Sarawt et contre le journaliste Prohl. Le juge d'instruction a lancé un mandat d'amener contre M. Schnœbelé, sous l'inculpation de haute trahison et en vertu des articles 92 § 1 et 47 du Code pénal. »

Il est bien entendu que les affirmations allemandes ne se produisent encore au débat, surgi entre les deux pays, que sous forme de prétentions. Les principes ne changent pas suivant l'importance de la contestation. Dans les querelles internationales, comme dans les plus humbles procès, le fardeau de la preuve incombe au d mandeur : or, dans la cause, c'est l'Allemagne qui demande. On remarquera que la note officielle du gouvernement allemand contredit purement et simplement la version française sur le lieu où l'arrestation a été opérée, sans la moindre allusion à la question subsidiaire de savoir si, en cas où la contradiction entre les deux pays persévérerait sur ce point, il n'y aurait pas lieu d'assurer au prétendu délinquant le bénéfice du doute. Le même document est muet sur la circonstance de la provocation de la présence du commissaire français sur le territoire allemand par un dépositaire de l'autorité allemande.

En résumé, d'après la note officielle, un commissaire de police étranger aurait écrit trois lettres à une personne inculpée du crime de haute trahison pour avoir adressé à l'étranger des renseignements sur des faits se passant en territoire allemand. De ce chef, le commissaire étranger tomberait sous l'application des articles 92, paragraphe 1er, et 47 du Code pénal allemand, et aurait commis, en rapprochant les deux articles, le crime de haute trahison par complicité envers l'État allemand.

Ceci dit, la version allemande, dans sa teneur officielle, soulève un certain nombre de questions de droit pénal international, que nous nous proposons de soumettre à une critique théorique, en les divisant, pour les mieux élucider.

1° *Les actes délictueux reprochés à l'étranger ont été accomplis sur le territoire national.*

En principe, l'empire de la loi pénale s'étend sur tous ceux dont l'activité se produit sur le territoire. Il n'y a pas lieu de distinguer entre les nationaux et les étrangers, comme de rares dissidents ont tenté de le soutenir. « Les étrangers entrés sur le territoire national, observe Mancini (1), ont le droit d'être protégés par nos lois ;

---

(1) Ancien ministre des affaires étrangères d'Italie, ex-président de l'Institut de droit international.

en retour, ils ont le devoir de les connaître et de les respecter, quels qu'en soient la nature et le but » (1).

Cette donnée a trouvé place dans la loi positive.

L'article 3 du Code pénal allemand (2) dispose : « Les lois pénales de l'Empire allemand s'appliquent à toutes les infractions commises sur le territoire, même si l'agent est un étranger (*auch wenn der Thäter ein Ausländer ist*). »

C'est ce qu'avait déjà dit le Code civil français de 1804 dans son article 3 : « Les lois de police et de sûreté obligent tous ceux qui habitent le territoire. »

Il faut donc admettre que le délinquant étranger restera soumis à la loi pénale du lieu du délit, et que la juridiction locale aura pleine compétence pour la lui appliquer ; car l'Etat a non seulement le droit de dire quels actes sont punissables, mais encore de veiller lui-même à leur punition.

Faudra-t-il distinguer si l'infraction a été constatée *adhuc flagranti crimine* (3) ou non ? On n'aperçoit pas, sauf ce que nous dirons plus bas sous le paragraphe 3° — quel serait, dans les cas ordinaires, le motif de différence. La circonstance du flagrant délit est extrinsèque au fait, elle lui imprime le caractère de l'évidence, mais elle ne change rien à sa nature, ni aux principes qui déterminent sa répression. L'Etat puise dans les attributs de sa souveraineté, le droit de punir les faits qui se passent sur son territoire ; sauf la prescription, le temps qui s'écoule entre le moment où le délit est accompli et celui où il est constaté ne porte aucune atteinte à cette prérogative essentielle.

Les articles du Code pénal allemand visés dans la pro-

---

(1) Rapport sur le projet du Code pénal italien, présenté à la Chambre des députés d'Italie, le 25 novembre 1878.

(2) Entré en vigueur en 1871 pour la Confédération de l'Allemagne du Nord, depuis étendu à l'Empire, et modifié par la loi du 26 février 1876.

(3) L. 1. C. *De raptu virginum.*

cédure allemande sont ainsi conçus, dans leur texte littéral :

L'article 92 est compris sous la rubrique *Hochverrath* (haute trahison) et *Landesverrath* (trahison envers le pays) : « Quiconque volontairement : 1° aura fait connaître ou communiqué des secrets d'Etat, des plans de forteresse, ou tels documents, pièces, renseignements (*nachrichten*), dont il sait que le secret (*geheimhaltung*) vis-à-vis d'un autre gouvernement est nécessaire pour le bien de l'empire allemand ou d'un Etat confédéré; 2°...; 3° ...sera puni d'au moins deux ans de réclusion. En cas de circonstances atténuantes, la détention ne sera pas au-dessous de six mois (1). »

L'article 47 relève du titre de la complicité (*theilnahme*) : « Lorsque plusieurs personnes auront commis ensemble (*gemeinschaftlich*) un acte punissable, chacune d'elles (*jeder*) sera puni comme auteur (*Thäter*). »

Les autres articles du Code pénal allemand relatifs au crime de haute trahison prévoient les actes commis en temps de paix (art. 81, 82, 83, 84, 85, 86 et 87) et ceux commis en temps de guerre (art. 88, 89, 90). Nous n'en donnons pas le texte, car, jusqu'à présent, ils ne paraissent pas intéressés dans la cause, la note du ministère de la justice allemand n'ayant visé que les articles 92 et 47 ci-dessus reproduits.

Un seul article parle spécialement des étrangers : c'est l'article 91 : « A l'égard des étrangers, à raison des actes prévus aux art. 87, 89, 90, il sera procédé suivant les usages de la guerre.

« Si ces actes ont été accomplis pendant qu'ils résidaient sur le territoire de la Confédération et alors qu'ils étaient placés sous la protection de l'empire allemand ou d'un état confédéré. il leur sera fait application des peines édictées par les articles 87, 89 et 90. » L'article 87 pré-

---

(1) L'article 71 de l'ancien Code prussien punissait la même infraction de cinq à vingt ans de réclusion, sans circonstances atténuantes.

voit le délit qui aurait pour but d'exciter à la guerre contre l'Allemagne : « L'Allemand qui entre en relations avec un gouvernement étranger, pour le déterminer à une guerre contre l'empire allemand sera puni pour trahison envers le pays par cinq ans de réclusion au moins, et si la guerre a éclaté par la détention sa vie durant. »

Tous les autres cas concernant les étrangers sont donc simplement gouvernés par la règle générale contenue dans l'article 3 du Code pénal allemand rappelé ci-dessus. Leurs actes seront examinés par les Tribunaux locaux sans que la nationalité de leurs auteurs soit prise en considération. *Intrasti urbem, ambula juxta ritum ejus!*

2° Les actes délictueux reprochés à l'étranger ont été accomplis en territoire étranger. — Effet extraterritorial de la loi pénale dans le droit positif.

Sur ce terrain, la certitude juridique est beaucoup moins grande. La base du droit de punir pour un Etat, c'est la compétence territoriale, c'est-à-dire celle qui s'exerce sur les faits intervenus dans les limites du territoire. On admet encore la compétence personnelle à l'égard des nationaux, lorsque leurs infractions n'ont pas été réprimées au lieu où elles se sont produites. Il est de l'intérêt d'un Etat que ses ressortissants ne jouissent pas de l'impunité, même pour des faits accomplis hors du territoire. Mais quand l'infraction présente cette double circonstance, qu'elle a été commise à l'étranger et par un étranger, on n'aperçoit pas d'emblée sur quel principe repose pour la juridiction nationale le droit d'en connaître et de la réprimer.

La science reconnaît cependant à l'Etat une compétence qui dépasse la compétence territoriale et la compétence personnelle, mais dans une circonstance tout exceptionnelle, c'est lorsqu'il se trouve en cas de légitime défense.

La formule qu'elle donne à ce droit a été proposée par

l'Institut de droit international, en 1879, dans sa session
de Bruxelles :

« Tout Etat a le droit de punir les faits commis, même
hors de son territoire et par des étrangers, en violation
de ses lois pénales, alors que ces faits constituent une
atteinte à l'existence sociale de l'Etat en cause et com-
promettent sa sécurité et qu'ils ne sont point prévus
par la loi pénale sur le territoire duquel ils ont eu
lieu (1). »

Elle emprunte une grande valeur à l'autorité des jurisconsultes qui ont contribué à sa rédaction et au nombre desquels se trouvaient plusieurs éminents profes-
seurs des universités d'Allemagne (2). Toutefois, elle a
été combattue, notamment par les jurisconsultes an-
glais, qui se refusaient à admettre un droit aussi exor-
bitant (3).

La controverse se poursuit encore dans la doctrine, et
même dans le droit positif.

L'Angleterre continue à ne reconnaître que la compétence exclusivement territoriale, voire à l'égard de ses

---

(1) Résolution adoptée par l'Institution de droit international, dans sa session de Bruxelles en 1879 (Annuaire
t. III, p. 281),et dans celle de Munich en 1883 (Annuaire, 1883-
1883. p. 152). M Bar avait proposé les mots « existence
politique », qui ont été repoussés.

(2) Ont pris part a ces travaux, notamment, pour l'*Allemagne* : Bluntschli, professeur à l'Université de Heidelberg ; Bar, professeur à l'Université de Gottingen ; Schultze,
professeur à l'Université de Heidelberg ; Bulmerincq, professeur à l'Université de Heidelberg ; pour l'*Angleterre*,
Holland, Travers Twiss, Westlake ; pour l'*Autriche*, Neumann ; pour la *Belgique*, Arntz, Rivier, Rolin-Jacquemyns ; pour le *Danemark*, Goos ; pour la *France*, Clunet,
Renault ; pour la *Grèce*, Saripolos ; pour l'*Italie*, Brusa ;
pour les *Pays-Bas*, Asser ; pour la *Russie*, de Martens, Ka-
marowski, etc.

(3) V. les intéressants débats auxquels la question a
donné lieu (Ann. de l'Institut, t. III, p. 276).

nationaux.(1) La France et l'Allemagne l'ont respective-
ment tranchée en ce qui les concerne, en insérant dans
leurs Codes répressifs une disposition qui affirme l'effet
extraterritorial de la loi pénale pour des actes accomplis à l'étranger, même par des étrangers, dans les cas
exceptionnels où la sécurité de l'Etat est intéressée.

L'article 7 du Code d'instruction criminelle français,
modifié par la loi du 27 juin 1886, dispose : « Tout étranger qui, hors du territoire de la France, se sera rendu
coupable, soit comme auteur, soit comme complice,
d'un crime attentatoire à la sûreté de l'Etat, et de contrefaçon du sceau de l'Etat, des monnaies nationales
ayant cours, de papiers nationaux, oc billets de banque
autorisés par la loi, pourra être poursuivi et jugé, d'a-
près les dispositions de la loi française, s'il est arrêté
en France ou si le gouvernement obtient son extradition. »

En Allemagne, l'article 4 du Code pénal de 1871 s'exprime ainsi : « A raison des crimes et délits (*Verbrechen
und Vergehen*) commis à l'étranger, en principe il n'y a
pas de poursuite. Cependant peuvent être poursuivis
d'après les lois pénales de l'empire allemand : 1° l'Allemand ou l'*étranger* qui à *l'étranger* a commis un acte
de haute trahison (*hochverratherische Handlung*) contre
l'empire allemand ou un Etat confédéré, etc. (2). »

De cette disposition, il faut également rapprocher
l'article 9 du Code de procédure pénale (*Strafprozess-
Ordnung*) du 1er février 1877 : « Si le fait punissable

---

(1) On lira avec intérêt sur ce point une étude de sir
James Stephen, l'un des juges de la haute Cour de justice
d'Angleterre, qui sera publiée dans l'année 1887 de notre
Journal du droit international privé.

(2) Le texte primitif de l'article 4 du Code pénal allemand de 1871 a été modifié en 1876, mais point dans la partie
qui nous intéresse. La modification a eu pour but d'atteindre les actes commis par des fonctionnaires à l'étranger,
lorsque ces actes n'étaient pas punis par la loi locale. C'est
le procès d'Arnim qui a donné lieu à ce changement

a été commis à l'étranger et qu'une juridiction ne puisse être établie en conformité de l'article 8, le Tribunal compétent sera celui dans le ressort duquel l'arrestation (*Ergreifung*) aura lieu. A défaut d'arrestation, le Tribunal compétent sera désigné par le Tribunal de l'empire. »

A quelles conditions cette compétence, que l'on a appelée « quasi-territoriale » (1) peut-elle s'exercer? En France, l'article 7 du Code d'instruction criminelle la subordonne, non pas dans ce cas particulier au retour volontaire de l'inculpé, mais au fait matériel de son arrestion en territoire français ou de sa remise à la France par le pays de refuge. En Allemagne, aucune condition de ce genre n'a été imposée dans les articles précités. L'article 8 du *Strafprozess Ordnung* de 1877 prévoit au contraire comment on devra procéder si le fait punissable ayant été commis à ,'étranger, l'inculpé n'a pas été arrêté.

Tel est le droit strict dans les deux pays. Mais combien son application demandera a être maniée avec modération. Le législateur français et le législateur allemand l'ont également compris. Aussi n'ont-ils l'un et l'autre inscrit dans la loi qu'une faculté. L'étranger, dit le Code français (2) *pourra* être poursuivi. Le Code allemand (3) est plus réservé encore ; il commence par rappeler que les crimes ou délits commis en pays étranger ne donnent lieu à aucune poursuite, puis il ajoute : cependant l'allemand ou l'étranger *peut* être poursuivi (*jedoch Kann verfolgt werden*).

La justice nationale n'est pas liée ; elle appréciera, suivant les circonstances, l'opportunité de la poursuite. Elle prendra en considération la modalité de l'infraction, l'éloignement de l'agent du lieu où le délit s'est perpétré, les sentiments inhérents à sa nationalité, son abs-

---

(1) Brocher (Ann. de l'Institut, 1879, p. 277).
(2) C. instr. crim. fr. art. 7.
(3) C. P. all. art. 4.

tention de toute action physique et directe sur le territoire national, — et s'il s'est borné à écrire des lettres !
— le fait que ces lettres étaient innocentes dans le lieu
où elles ont été conçues, rédigées et expédiées.

Nous nous sommes placés jusqu'ici au regard d'un
délinquant quelconque, individualité sans mandat, libre de faire ou de ne pas faire un acte qui de près ou de
loin contrarie l'intérêt d'une puissance étrangère. Mais
la thèse va singulièrement changer, lorsqu'au lieu d'un
simple particulier, on sera comme dans le cas qui nous
occupe, en face d'un magistrat étranger, agissant dans
le cercle d'activité de sa fonction, telle que les nécessités
de la vie internationale l'admettent.

La question qui se posera alors sera non plus de savoir si, par sentiment des nuances, il ne convient pas
de fermer le Code aux articles précités ; mais, si en l'ou-
vrant, au contraire, à propos d'actes pour lesquels il n'a
pas été rédigé, on ne trouble pas l'ordre international et
si, sous apparence de se conformer aux textes, l'on ne
répudie pas involontairement jusqu'aux coutumes obser-
vées même en temps de guerre par les peuples civilisés.

*3° Le caractère exceptionnel de l'extra-territorialité du
droit pénal à l'égard d'actes commis à l'étranger par des
étrangers doit-il être étendu à la matière de l'espionnage,
notamment envers les fonctionnaires publics étrangers !*

Au cours de la rédaction même de cette étude, un heureux dénouement a mis fin au conflit qui s'était élevé entre
la France et l'Allemagne au sujet de l'incident de Pagny-
sur-Moselle. L'Europe entière, dit le *Times*, en éprouve
un vif soulagement (1). Après l'achèvement de son enquête, le cabinet de Berlin a notifié à celui de Paris
que, tout en maintenant la version de l'arrestation en
territoire allemand, cette arrestation devait être consi-
dérée comme irrégulière ; qu'en effet, le commissaire

---

(1) *Troughout Europe with an unfeigned sense of relief*
(*Times*, 30 avril 1887, p. 11, col. 2.)

français avait reçu de son collègue allemand une convocation officielle pour affaire de service et que ce rendez-vous administratif équivalait à un sauf-conduit. Sur l'invitation directe de l'Empereur, le juge d'instruction de Metz a ordonné l'élargissement du commissaire français. M. Schnœbelé a été rendu à la liberté dans la matinée du 30 avril 1837, après dix jours de détention.

Voilà l'incident de Pagny vidé diplomatiquement et les relations des deux pays, un instant troublées, ont repris leur cours tranquille et normal. Toutefois, les questions juridiques qu'il soulève demeurent ; la diplomatie les a tournées avec adresse, mais l'Allemagne les a formellement réservées ; elles continuent donc à présenter bien autre chose qu'un intérêt académique. Les avertissements d'ailleurs ne manquent pas. — « La mise en liberté de M. Schnœbelé n'implique pas la cessation des poursuites judiciaires dirigées contre lui devant le Reichsgericht à Leipzig. Les pièces trouvées chez l'Alsacien Klein, poursuivi pour haute trahison, établissant la complicité de M. Schnœbelé, et c'est en raison de cette complicité qu'il figurera comme contumace dans le procès qui sera jugé prochainement à Leipzig » (1). — « Si les questions de forme sont vidées dans le sens des réclamations de la France, il ne s'ensuit pas forcément que l'action judiciaire sera abandonnée contre M. Schnœbelé. Il pourra être jugé et condamné par contumace » (2).

La publication d'une note officielle de la Chancellerie allemande est venue confirmer ces affirmations. Le procès contre le commissaire français suivra son cours en Allemagne sur les bases que nous avons indiquées (art. 92, § 1er C. p. allem. et 47 du même Code) (3).

---

(1) *Kölnische Zeitung* du 30 avril 1887. Cf. sur le fait de prétendue complicité la note officielle du ministre de la justice allemande que nous avons donnée *supra*, p 11.

(2) *Journal d'Alsace.*

(3) Note officielle adressée par M. de Bismarck à M. Herbette, ambassadeur de France à Berlin : « Se basant sur les informations qui lui ont été données, au sujet de l'ar-

La loi allemande autorise, au moins en la forme, une pareille procédure. Pour s'en convaincre, il suffit de se reporter au texte des articles 4 du Code pénal de 1871 et 9 du Code de procédure pénale de 1877, reproduits plus haut. Ces Codes proclament non seulement la compé-

restation judiciaire du commissaire de police français, M. Schnœbelé, par S. Exc. l'ambassadeur de la République française et sur les communications du ministre français des affaires étrangères, qui lui ont été transmises par l'entremise du chargé d'affaires impérial à Paris, le soussigné a soumis l'affaire à un sérieux examen.

» A cet effet, des pièces justificatives, se rapportant aux motifs de l'arrestation de M. Schnœbelé et aux circonstances accessoires, ont été demandées aux autorités judiciaires mêlées dans cette affaire. Une copie des documents les plus importants, et tout d'abord de la déclaration faite par M. Schnœbelé après son arrestation, ainsi que toutes les dépositions des témoins inscrits dans le dossier, a été donnée à l'ambassadeur de la République française.

» Ces documents établissent d'une manière péremptoire que l'arrestation a eu lieu exclusivement sur le territoire allemand, et qu'il n'y a nullement eu violation du territoire français.

» Les poursuites judiciaires dirigées contre M. Schnœbelé se rapportent au crime de haute trahison commis sur le territoire de l'empire allemand.

» Dans l'action judiciaire, on se base sur des preuves évidentes de sa culpabilité, fournies par les aveux du citoyen de l'empire Klein, également accusé du même crime, et par les lettres autographes mises à la poste à Metz et depuis reconnues par M. Schnœbelé comme étant de M. Klein.

» Vu la preuve de sa culpabilité reconnue ensuite par M. Schnœbelé lui-même, le tribunal impérial a ordonné de l'arrêter dès qu'il mettrait le pied sur le territoire allemand. Ceci s'est produit le 20 du présent mois, à l'occasion d'un rendez-vous sur la frontière qui avait été donné pour affaires de service à M. Schnœbelé par le commissaire allemand, M. Gautsch.

» Dans ces circonstances, la condamnation judiciaire de M. Schnœbelé ne pourra paraître douteuse et elle s'explique d'autant plus que, en agissant d'une manière répréhensible, M. Schnœbelé a abusé de la considération que

tence extra-territoriale ou « quasi-territoriale » qui permet de poursuivre l'étranger pour actes de haute trahison envers l'Empire allemand commis à l'étranger par un étranger, mais dépassant, dans cette zone du droit exceptionnel, la plupart des législations européennes,

---

lui valait le poste de confiance qu'il occupait sur la frontière.

» M. Schnœbelé a compromis la confiance qui est indispensable dans les relations internationales, par le fait qu'il se servait de sa position officielle dans le service des frontières pour soudoyer les citoyens de l'empire allemand et les induire à commettre des actions criminelles contre leur patrie. En abusant ainsi de sa situation, la culpabilité de M. Schnœbelé a augmenté aux yeux de la justice, indépendamment de la question de savoir s'il agissait par ordre supérieur.

» Le soussigné se permet de faire ressortir ce point, pour le cas où, après sa mise en liberté, M. Schnœbelé serait de nouveau rencontré sur le territoire allemand, sans avoir la sauvegarde d'un rendez-vous administratif.

» Le soussigné espère que M. l'ambassadeur sera convaincu par la lecture des documents à lui transmis que le mandat d'arrêt lancé contre M. Schnœbelé était parfaitement fondé, et que l'exécution de ce mandat a eu lieu d'après les droits souverains de l'Allemagne et sans violer les droits souverains de la France,

» Si, malgré ces faits, le soussigné a cru de son devoir de demander à l'empereur la mise en liberté de M. Schnœbelé, il a été conduit à agir ainsi en se basant sur un principe du droit des gens, d'après lequel il faut toujours considérer comme un véritable sauf-conduit l'invitation qui entraîne une traversée de la frontière dans le but de régler des questions administratives entre deux États voisins.

» Il n'est pas croyable que le fonctionnaire allemand, M. Gautsch, ait donné un rendez-vous à M. Schnœbelé pour rendre possible l'arrestation de celui-ci. Mais il existe des lettres qui prouvent qu'au moment de son arrestation, M. Schnœbelé se trouvait à l'endroit où il a été arrêté pour répondre à l'invitation du fonctionnaire allemand, avec lequel il devait discuter des affaires de service.

» Si les fonctionnaires de la frontière étaient exposés à être arrêtés dans des cas semblables, l'accomplissement de

ils admettent l'hypothèse d'une poursuite par contumace. L'article 9 du Code de procédure pénale attribue au Reichsgericht le pouvoir de fixer le tribunal compétent, lorsque le délinquant ne sera pas en état d'arrestation.

Le Code d'instruction criminelle français n'est pas allé jusque-là. Aux poursuites de cette nature, son article 7 subordonne la condition de l'arrestation en France ou de l'extradition de l'inculpé.

La loi du 17 avril 1878, qui a modifié en Belgique l'ancien Code d'instruction criminelle permet (art. 10) de poursuivre et punir suivant les dispositions des lois belges, les étrangers qui se seraient rendus coupables, en dehors du territoire, d'un crime attentatoire à la sûreté de l'Etat. Il n'est pas nécessaire que l'inculpé soit trouvé dans le royaume. Aussi, pourrait-il être poursuivi pendant son absence et jugé par contumace; mais l'article 10 parle de crimes et non de délits. Dès lors, le cas de l'article 120 du Code pénal belge, qui édicte une simple peine d'emprisonnement contre l'individu qui

---

leur mission deviendrait très difficile, à cause de la prudence qu'ils devraient observer et qui est incompatible avec l'esprit et les traditions des relations internationales. Le soussigné est donc d'avis qu'en tout temps ces rendez-vous administratifs doivent être pour les fonctionnaires des deux parties un sauf-conduit certain.

» C'est dans ce sens et tout en reconnaissant la légitimité des procédés de la magistrature allemande que le soussigné a exposé l'affaire à l'empereur.

» Sa Majesté a décidé que, vu les principes du droit des gens qui militent en faveur de la sécurité absolue des négociations internationales, M. Schnœbelé devra être remis en liberté malgré le fait avéré de son arrestation sur le territoire allemand et nonobstant les griefs qui sont portés contre lui.

» Le soussigné porte ceci à la connaissance de M. l'ambassadeur de la République française. et lui annonce en même temps que l'ordre de mise en liberté de M. Schnœbelé a été expédié et prie Son Excellence d'agréer également l'expression de sa haute considération. — Berlin, 28 avril 1887. — Signé : VON BISMARCK. »

livre des plans de fortifications ne tombe pas sous cette disposition (1).

En Russie, d'après l'article 117 du Code pénal, l'étranger inculpé d'avoir commis, hors du territoire, un crime contre l'autorité du souverain ou les droits d'un sujet russe est jugé d'après les lois russes, s'il est arrêté sur le territoire ou extradé.

L'article 7 des dispositions préliminaires du Code pénal sarde de 1859, encore en vigueur en Italie, punit l'étranger, qui a commis, à l'étranger, un crime contre la sûreté de l'Etat si « *fosse arrestato nei regii stati, o consegnato da altri governi.* » (2).

La loi brésilienne du 4 août 1875 mérite également d'être citée, comme renfermant dans de justes limites l'effet extraterritorial de la loi pénale : « Article 1er. — Pourront être poursuivis. quoique absents de l'empire, et jugés, lorsqu'ils y seront présents soit pour y être retournés spontanément, soit par suite d'extradition, les Brésiliens qui auront commis en pays étrangers quelqu'un des crimes prévus par le Code pénal § 1er contre *l'indépendance, l'intégrité et la dignité de la nation* (art. 68 à 78); § 2, contre la Constitution de l'empire et la forme du gouvernement (art. 85 et 86); § 3, contre le chef du gouvernement (art. 87-89); § 4, contrefaçon de monnaies et falsification d'effets publics ou de billets de banque autorisés par le gouvernement. Art. 2. — La disposition de l'article précédent pourra être exécutée dans ce qu'elle aura d'applicable *aux étrangers* qui auront commis, hors de l'empire, un des crimes ci-dessus mentionnés, *lorsqu'ils viendront sur le*

---

(1) Goddyn et Mahiel, *Droit criminel belge.* Bruxelles, 1880, p. 36 et 38.

(2) Cf. sur la question, le nouveau Code pénal hongrois du 14 juin 1879 (trad. Martinet et Dareste), art. 5-19, et le nouveau Code pénal hollandais du 3 mars 1881 (trad. Vingtgens), art. 92-107. (Paris, Imprimerie nationale.'

territoire brésilien, soit spontanément, soit par suite d'extradition. » (1)

La procédure fondée sur l'extra-territorialité de la loi, est donc possible, mais dans quel cas et contre qui convient-il de l'ouvrir ? Lorsqu'il s'agit de complot tendant à bouleverser l'Etat ou en amener la destruction, lorsque sa sécurité économique est atteinte, comme dans le cas de faux monnayage, on conçoit que devant l'indifférence des autres nations à réprimer ces actes, l'Etat mis en péril, se défende sans considérer la nationalité de l'agresseur et le territoire où l'agression est née. Encore la raison ne sera-t-elle satisfaite que si le délinquant est rencontré sur le territoire de la Puissance qui prétend le soumettre à sa juridiction, et ne comprendra-t-on guère des procès instruits contre des absents.

Parmi les délits qui mettront en mouvement cette procédure anormale faudra-t-il ranger celui qui consiste à obtenir ou recueillir des informations, plus ou moins secrètes, sur la politique, les ressources militaires, l'organisation des forces défensives et offensives des Etats étrangers ? La répression de « l'espionnage », dont il a été tant parlé dans le cas actuel, comporte-t-elle une telle extension, ou mieux un tel empiètement de la souveraineté voisine ?

Sans traiter à fond la question de l'espionnage, il paraît nécessaire de soumettre à quelque vérification les idées que ce mot recouvre.

L'espionnage est-il un moyen de défense ou de lutte que réprouvent les bonnes mœurs internationales ? s'instruire par des espions, répond Klüber, de la situation et des desseins de l'ennemi n'est pas contraire au droit des gens naturels (2).

---

(1) Baron d'Ourem, anc. min. du Brésil à Londres, Ann. lég. étr. 8e ann., p. 739.

(2) Klüber, professeur de l'université d'Heidelberg, puis conseiller au ministère des affaires étrangères de Prusse (1817). (Droit des gens, paragraphe 256.)

Sans doute, l'emploi des espions vient de la guerre ;
mais l'état de paix n'y répugne pas. « Au point de vue
moral, dit Heffter, il est incontestablement permis de se
procurer par des voies secrètes des renseignements qu'on
ne pourrait obtenir autrement, surtout lorsqu'il s'agit
de se garantir de certains dangers (1). En pareil cas, on
doit éviter seulement de faire usage de moyens contrai-
res à l'ordre public, tels que corruption de *fonctionnaires publics*. Autrement, l'Etat lésé pourra appliquer envers l'espion les dispositions de ses lois intérieures dans
toute leur rigueur, sans que le gouvernement qui l'a envoyé soit en droit de s'en plaindre En ordonnant ou en
approuvant ces procédés, ce dernier commettrait même
une offense envers l'autre. » (2).

Qui est-ce qui peut être considéré comme un espion ?
La réponse nous est fournie par l'article 19 du projet
de déclaration sorti des travaux de la conférence tenue à
Bruxelles en 1874, sur l'initiative de la Russie (3). « Ne
peut être considéré comme espion que l'individu qui,

-----

(1) Cf. Kamptz, *Beiträge zum Stats und Völkerrecht*, I,
p. 63.

(2) Heffter, professeur à l'Université de Berlin, syndic
de la couronne, conseiller à la Cour suprême de Berlin,
paragraphe 249.

M. den Beer Poortugael, ancien ministre de la guerre des
Pays-Bas, disait dans une note présentée en 1880, à l'Institut
de droit international, au sujet de la rédaction d'un « Manuel
des lois de la guerre », dont nous parlerons tout à l'heure, et
où un premier projet proposait généreusement la suppression
de l'espionnage. « Depuis quand l'espionnage est-il interdit ? En d'autres termes, cela reviendrait à dire qu'un Etat,
un général en chef ou un autre représentant de l'Etat, n'o-
sera plus se servir d'espions dès que ce moyen sera interdit ou décrété déloyal. Mais c'est là une chose qu'il est tout
bonnement impossible de prescrire ; si je ne me trompe,
pas un Etat n'y consentira. »

(3) Conférence internationale de Bruxelles sur les lois et
coutumes de la guerre, tenue à Bruxelles en 1874. Actes
de la conférence. Bruxelles 1874. In-4°, 76 p., imprim. *Mo-
niteur*.

agissant clandestinement ou sous de faux prétextes, recueille ou cherche à recueillir des informations dans les localités occupées par l'ennemi avec l'intention de les communiquer à la partie adverse. » Pour l'état de paix, nous n'avons qu'à changer le mot « ennemi » par « voisins », et nous restons dans la réalité des faits.

Il faut en retenir que le propre de l'espion est de se transporter sur les lieux à reconnaître, et là, d'y agir soit seul, soit de concert avec d'autres.

Mais si l'espionnage est un moyen que la pratique de la vie internationale, absout tout au moins, si elle ne le recommande, l'Etat qui est l'objet de cette entreprise n'est-il pas atteint dans ses intérêts les plus immédiats, et n'est-il pas autorisé à opposer à cette attaque subreptice une défense qui la neutralise ? Le droit des gens répond encore affirmativement. De là, chez les différentes nations, particulièrement chez celles où l'intensité de la vie militaire éveille la curiosité des voisins, ces dispositions du Code pénal, ou ces lois spéciales qui classent l'espionnage parmi les délits et frappent l'espion de peines plus ou moins dures. Le fondement de ces dispositions législatives est irréprochable ; il repose sur le droit de légitime défense.

A qui ces lois respectables s'en prendront-elles ? à ceux qui, dans les limites du territoire n'auront pas craint d'en blesser la souveraineté en y pénétrant dans le but prémédité d'y commettre, par soi-même ou par d'autres, des actes de nature à lui nuire.

Ici, la nationalité, le rang, la condition du délinquant importeront peu ; la loi égalitaire passera son niveau sur tous. L'obligation indiscutable de celui qui se trouve dans un pays est de s'abstenir d'actes hostiles envers lui ; si, dans un intérêt adverse, il en commet, il est allé volontairement au devant du sort que la loi pénale lui réservait ; espion il a été, — dans un but supérieur peut-être, — et il sera légitimement traité en espion.

Mais comment qualifier d'espion, celui qui n'em-

ploie aucun stratagème, qui ne revêt aucun déguisement, qui ne pénètre pas chez l'adversaire, et demeure
à son foyer, là où ses actes sont innocents?

Voilà certes, une situation tout en opposition avec la
notion même de l'espionnage, et les usages que les
peuples ont adoptés sur le sujet.

Pour nous, l'individu qui reste chez lui, s'abs-
tient de toute incursion personnelle sur le territoire soumis à une autre Puissance ne peut pas être
soit comme auteur principal, soit comme complice,
considéré comme un espion ; et si plus tard, le ha-
sard des événements l'amenait entre les mains de la
Puissance dont il a cherché à connaître les actes, à surveiller la conduite et même à pénétrer les secrets, il ne
pourrait être déféré aux tribunaux de cette Puissance
sans une évidente injustice contre le droit des gens. (1)

Cette opinion a le désavantage de se trouver en contradiction avec celle de la Chancellerie allemande (2) :
elle semblera pourtant acceptable à ceux qui ne professent pas pour le droit le dédain superbe d'un homme
d'Etat, que le succès n'a encore jamais trahi (3), surtout
lorsque ce droit se réclame de la coutume.

Nous nous appuyons en effet sur ce qui se passe en
temps de guerre. Certes à ce moment, l'impérieuse nécessité de la défense exige une répression de l'espionnage plus
rigoureuse qu'en temps de paix, Or, non seulement, il

----

(1) Quand le droit des gens parlait latin en Europe, le
mot « esp'onner » implique à ce point une idée d'incursion personnelle et de déplacement chez celui dont on veut
surprendre les actes, qu'on le traduisait par *explorare*. Les
espions s'appelaient *exploratores*. V. Brukner. *Diss. de
explorationibus et exploratoribus*. Iena, 1700, rec. 1714. L.
Laur.

(2) Voir *supra* la note du 28 avril 1887 remise par M. de
Bismarck à M. Herbette, ambassadeur de France à Berlin.

(3) M. de Bismarck, au Reichstag, le 3 décembre 1875 :
« La politique étrangère n'a rien à voir avec les théories
juridiques ». (*Mit juristischen Theorien lässt sich auswär-
tige politik nicht treiben*).

n'est venu à l'idée d'aucun belligérant de considérer comme espion le sujet de son adversaire, qui ne sort pas du territoire de ce dernier et, quel que soit de cet endroit le prolongement de son activité,—mais même si un individu a pénétré dans le camp adverse, y a commis des actes d'espionnage, puis a réussi ensuite à regagner son propre camp, le fait seul d'avoir repris racine sur le territoire de la Puissance dont il relève, purge le passé ; l'ennemi ne le considère pas comme ayant jamais eu la qualité d'espion.

« La sévérité de la punition est uniquement fondée dans le danger de l'espionnage ; c'est pourquoi un espion qui a réussi à regagner son armée sans être découvert, n'est pas puni pour ce chef quand plus tard il tombe entre les mains de l'ennemi » (1).

C'est l'opinion adoptée par l'Institut de droit international dans l'article 26 du remarquable « manuel des lois de la guerre sur terre » qu'il a voté dans sa session d'Oxford en 1880 (2). « L'espion qui réussit à sortir du territoire occupé par l'ennemi n'encourt, s'il tombe plus tard au pouvoir de cet ennemi aucune responsabilité pour ses actes antérieurs ». Ce manuel jouit en Europe d'une légitime autorité qu'il doit à l'esprit modéré et pratique avec lequel il a été élaboré, et à la compétence des suffrages qui l'ont sanctionné. Il n'est que juste de reconnaître la part importante que la science allemande y a prise, en la personne de l'un de ses plus illustres représentants, M. Bluntschli (3).

---

(1) Geffcken sur Heffter (1883), § 250, note 1.

(2) Ann. de l'Institut. V. p. 163.

(3) Le manuel a été proposé par M. Moynier, de Genève, président du comité international de secours aux militaires blessés; il a été examiné dans une première réunion préparatoire tenue à Heidelberg, du 18 au 20 juin 1879, sous la présidence de M. Bluntschli, qui avait été un des promoteurs de ce travail. Il fut enfin adopté à la session de l'Institut à Oxford, en 1880, où figuraient parmi les votants : pour l'*Allemagne*, Bluntschli, professeur à l'Université de Heidelberg; Gessner, conseiller de légation à Dresde; pour

La doctrine du Manuel n'est au surplus que celle proclamée par les Etats-Unis dans la guerre de sécession, le 24 avril 1863 (1).

Si en temps de guerre, au milieu des préoccupations de la lutte, dans l'anxiété de la partie suprême qui s'y joue, on ne considère pas comme espion, un individu qui l'a été réellement, uniquement parce qu'il est rentré sur le territoire où son action est libre, il convient, en temps de paix, non seulement d'appliquer les mêmes règles en semblable occurrence, mais encore de donner la même solution à l'hypothèse manifestement plus favorable où l'individu n'a jamais accompli d'acte en territoire étranger et où non seulement, pour prendre une comparaison militaire, il est rentré dans son camp, mais il n'en est jamais sorti.

Il faut dès lors décider que ce serait véritablement pécher contre le droit des gens que d'étendre à de pareils cas l'effet extra-territorial de la loi pénale et qu'il n'y a pas de base vraiment juridique pour déférer aux Tribunaux locaux, soit à titre d'agent principal soit à titre de complice, les individus qui se sont ainsi comportés (2).

Appuyons cette conclusion d'un exemple récent. Il y

---

l'*Angleterre*, Mountague-Bernard, Baker, Hall, Holland, Twis, Westlake ; pour la *Belgique*, Arntz, Rolin-Jacquemyns, Rivier, Laveleye ; pour l'*Autriche-Hongrie*, Neumann ; pour l'*Espagne*, Landa ; pour la *France*, Clunet, Lucas (de l'Institut) par corresp. ; pour la *Grèce*, Saripolos ; pour l'*Italie*, Pierantoni ; pour la *Russie*, Martens, Danewski, etc.

(1) *Instructions for the government of armies of the U. S. in the field.* art. 104. 24 april 1863. (Halleck, édit. Sh. Baker, 1878, t. 2, p. 36.)

(2) « La France serait autorisée à se plaindre si un sujet français était poursuivi pour trahison contre l'Allemagne à raison d'actes commis en France. Un sujet doit fidélité (*owes allegiance*) à son pays en quelque endroit du monde que ce soit, mais il doit fidélité à un pays étranger seulement pendant qu'il s'y trouve (*only while he is in it*) (*Law Times Journal.* London, 30 avril 1887.)

a quelques mois, M. Charles des Dorides, citoyen français, résidant à Rome, fut accusé d'actes d'espionnage et autres agissements au préjudice de l'Italie, de complicité avec deux sujets italiens, les frères Vecchi. Hâtons-nous de dire que le procès a révélé que ni les uns ni les autres n'avaient commis les délits contre eux relevés. Les renseignements recueillis et transmis par eux rentraient dans les informations générales que la presse est habituée à obtenir ; et ils n'étaient pas de nature à nuire en quoi que ce soit à la sûreté de l'État italien. Les trois accusés ont été acquittés par la Cour d'assises de Rome le 3 août 1886.

La procédure n'en est pas moins instructive. L'acte d'accusation s'exprimait ainsi : « M. Lionnello Vecchi. employé à l'arsenal maritime de la Spezia, est renvoyé devant la Cour d'assises à l'effet de répondre du délit d'attentat à la sûreté extérieure de l'État, pour avoir en sa qualité d'employé de la marine, soustrait et vendu à M. Ch, des Dorides, agent d'une Puissance étrangère, des papiers et des documents, conservés dans les archives de l'arsenal et de lui avoir donné communication d'informations et de secrets relatifs aux plans de nos navires de guerre ainsi que des résultats d'expériences faites à la Spezia sur le matériel de guerre.

» Le comte des Dorides est accusé, comme agent secret d'une puissance étrangère, d'avoir excité M. Lionello Vecchi à trahir son pays en vendant les informations et les documents sus-mentionnés. M. Vittorio Vecchi, à son tour, est accusé d'avoir mis son frère Lionello en rapport avec le comte des Dorides et de lui avoir recommandé de lui fournir toutes les indications demandées. Ces délits sont prévus et punis par les articles 102, 103, 169 et 172 du Code pénal. »

M. des Dorides, tout en maintenant que les nouvelles de la Spezia sur le matériel naval n'étaient pas de véritables secrets puisqu'ils étaient connus des divers attachés militaires étrangers, déclara que ces renseignements lui avaient été demandés par une maison française de construction navale, la maison Claparède, et que c'était à cette maison qu'il les faisait parvenir.

Avec la théorie de l'extension abusive de l'extra-territorialité de la loi pénale, l'Italie aurait pu considérer la maison Claparède comme complice du prétendu délit d'espionnage et l'impliquer dans le procès (1). L'Etat italien, fort sagement, s'en est abstenu ; il lui est apparu qu'un délit de ce genre ne pouvait être imputé à un individu restant sur le territoire de sa nation, et n'ayant personnellement agi à aucun degré sur le territoire de l'Etat qui se prétend lésé. C'est là une saine interprétation du délit d'espionnage, et de la complicité en cette matière.

Les règles que nous nous sommes efforcés de dégager ne doivent-elles pas recevoir application à l'égard des fonctionnaires publics étrangers ? Oui, nous semble-t-il, et *à fortiori*.

Quel est le traitement accordé aux fonctionnaires publics étrangers dans les rapports internationaux, quelle est la sphère d'action qui leur est généralement reconnue ? Cela dépend de la classe à laquelle ces fonctionnaires appartiennent, et à ce point de vue, on peut les répartir en trois classes principales :

1° Les agents diplomatiques, ministres publics et assimilés, les consuls (2); 2° les envoyés ou négociateurs spéciaux avec mission temporaire et déterminée; 3° les fonctionnaires sans aucune mission.

Il s'est dégagé de la pratique diplomatique de ces trois derniers siècles, un certain nombre de préceptes

---

(1) Par application de l'article 103, Code pénal ital.

(2) Nous laisserons de côté la position spéciale des consuls. Elle diffère juridiquement de celle de l'agent diplomatique. Tout en ayant droit à des égards et même à des honneurs particuliers chez la nation où il est envoyé, le consul n'est pas le représentant international de son Etat. Il ne jouit donc pas, sauf les exceptions prévues par les traités, des immunités diplomatiques, et de l'exemption de la juridiction civile et pénale.

dont l'observation suffisamment constante a fondé comme le droit coutumier de la matière. Il n'échappe pas sans doute à la controverse sur maintes questions : mais le droit écrit en est-il affranchi?

Les agents diplomatiques, ou assimilés, sont des fonctionnaires privilégiés. En leur qualité de représentants officiels et directs de l'Etat qui les délègue, on les comble d'honneurs et de privilèges : *sancti habentur legati!* Inviolabilité pour eux, leur suite, leur demeure ; immunités multiples, exemption de la juridiction locale, au civil comme au criminel ! Leur conduite provoque-t-elle de la part de l'Etat auprès duquel ils sont accrédités des actes de sûreté, de défense ou de répression? On soutient que ces actes ne peuvent aller jusqu'à s'attaquer au ministre public lui-même. L'Etat menacé paralysera ses menées sans toucher à sa personne sacrée ; il se contentera de le déférer à l'Etat qui l'a envoyé, peut-être même, en cas exceptionnel de l'expulser par provision. Si ce fonctionnaire a agi sans le consentement de son gouvernement, celui-ci ne pourra refuser de le punir dès que le délit sera prouvé. S'il est approuvé au contraire, c'est l'Etat étranger lui-même qui est comptable au gouvernement lésé dans ses droits souverains (1). Le principe est donc qu'on ne doit pas, en se saisissant de la personne d'un fonctionnaire diplomatique et en le déférant aux tribunaux locaux, répondre à une violation du droit des gens par une autre violation (2).

---

(1) Geffcken sur Heffter, *loc. cit.,* paragraphe, 241 note 8.

(2) Heffter admet cependant la détention jusqu'au moment où l'Etat lésé a obtenu réparation, *loc cit.*, paragraphe 214, et Bluntschli, abondant en ce sens, a écrit : « Lorsque c'est l'envoyé lui-même qui se rend coupable d'une violation de la loi pénale, communication peut en être faite à l'Etat de qui l'envoyé tient ses pouvoirs avec demande de rappeler et punir le coupable. Dans les cas graves, on peut aussi remettre à l'envoyé ses passeports et lui ordonner de quitter le pays à bref délai. En cas de nécessité et spécialement, si l'envoyé a participé à des actes

Un diplomate de l'ancienne école, invité à donner une définition de sa carrière écrivait cette boutade :

« *Legatus est vir bonus peregré missus ad mentiendum reipublicæ causâ.* »

C'était par manière de plaisanterie que Wolton (1) risquait cette épigramme. Depuis ces temps reculés, le mensonge, paraît-il, est banni de la diplomatie.

Quoi qu'il en soit, si c'est encore péché véniel pour l'agent diplomatique que de dire la moitié de la vérité à une oreille étrangère, son devoir étroit est de la faire connaître toute entière à celui qui l'envoie.

Et ici, par vérité entière, il faut comprendre non-seulement tout ce qu'il voit, touche et entend par le cours naturel des choses et des relations, mais encore tout ce qu'il doit voir, entendre et toucher à l'aide de combinaisons ingénieuses et discrètes. L'intérêt supérieur de son pays commande que celui-ci soit édifié sur les actes, même sur les intentions du voisin : il rentre dans la charge de l'agent diplomatique de l'instruire, non certes *per fas et nefas*, mais aussi largement que

---

d'hostilité ou de haute trahison contre l'État auprès duquel il est accrédité, ce dernier le pourra faire arrêter et retenir jusqu'à ce qu'il ait été fait droit à ses réclamations ultérieures. Mais même, dans ce cas, l'État lésé n'a pas le droit de juger l'envoyé. (Bluntschli, *Droit inter. codifié,* » éd. Lardy, paragraphe 210).

Nous sommes nettement d'un avis opposé. En aucun cas, le représentant d'un État étranger ne doit être arrêté. Admettre un tel principe nous paraît ouvrir la porte aux plus dangereux abus. Un gouvernement qui aurait intérêt à se saisir de la personne d'un ministre public ou à parcourir ses archives, pourrait prétendre qu'il est impliqué, soit dans un crime de droit commun, soit dans un attentat contre la sûreté de l'État, et l'on sait la redoutable élasticité de cette dernière incrimination.

(1) Henry Wolton (1561-1639), ambassadeur d'Angleterre à Venise, sous Jacques Ier. C'est en revenant de cette ville et en passant par Augsbourg qu'il écrivit sur l'album d'un de ses amis cette pensée, dont la forme paradoxale lui valut pour un temps la disgrâce de son maître.

possible sans se brouiller avec les commandements de la loyauté.

« Les gouvernements, dit en fort bons termes, M. Pradier-Foderé, fondateur de l'Ecole des sciences politiques à Lima, voient par les yeux de leurs agents tout ce qui sert aux intérêts nationaux et ce qui peut leur nuire. Le rôle des agents diplomatiques est donc d'observer en secret et de surveiller assidûment le gouvernement auprès duquel ils résident, de transmettre exactement à leur gouvernement leurs observations et leurs renseignements sans aucune restriction, surtout ce qui peut intéresser leur pays et de rechercher tout ce qui est susceptible d'être connu, et de transmettre tout ce qu'ils sont parvenus à découvrir (1) ». Il leur faut voir, interroger, apprendre beaucoup, mais sans se rendre indiscrets et « sans se livrer à des démarches compromettantes ».

Le fonctionnaire diplomatique pourra-t-il aller jusqu'à employer la corruption contre les sujets ou les agents de l'Etat étranger? Les grandes autorités de la science diplomatique en Allemagne se sont prononcées pour la négative, mais avec des restrictions sur lesquelles il convient de réfléchir.

« On doit abandonner à l'habileté de l'envoyé, dit le comte de Garden, chambellan de S. M. le roi de Bavière, le soin de former des liaisons qui le mettent à même d'avoir des renseignements intéressants. Notre droit des gens, faisant du salut des nations la suprême loi, ne paraît pas regarder comme illicite de se procurer, même par la corruption, *d'utiles notions ;* au moins, on ne saurait révoquer en doute que ce moyen ne soit journellement employé et les personnes qui se sont le plus récriées contre ces obscures manœuvres n'en ont pas moins donné à entendre qu'elles y avaient recours en certaines occasions. Mais peut-on véritablement regar-

---

(1) Pradier-Foderé, *Cours de droit diplomatique,* 1881, t. i., p. 438.

der comme une bonne politique l'emploi d'un expédient
aussi contraire à la délicatesse ?

» ... Sans doute la pratique dément tout ce que nous
venons de dire ; elle a consacré la corruption et elle fait
regarder comme des dupes ceux qui la blâment ou ceux
qui s'y refusent ; mais quelque raison que l'on allègue à
cet égard, il est constant que toute administration livrée
à des agents mercenaires est une administration corrom-
pue » (1).

« Nul doute, dit le baron Ch. de Martens dans son remarquable *Guide diplomatique*, dédié à S. M. Guillaume III, roi de Prusse, (2) que, sur le point de vue général,
la corruption ne soit une pratique odieuse puisqu'elle
est fondée sur un crime caractérisé. On ne saurait cependant prétendre qu'elle ne puisse, en aucun cas, être
employé sans blâme par l'agent politique ; c'est le but
qu'on veut atteindre qui rend un tel moyen plus ou
moins coupable. *Ainsi, lorsqu'une Puissance est justement suspecte ; qu'on a des indices de ses mauvaises intentions ; qu'elle est remuante et que son ambition devient dangereuse et inspire des craintes fondées, le droit
de la propre défense semble permettre à l'État menacé de
recourir à la voie de la corruption pour découvrir et
faire échouer des projets pernicieux* » (3).

En tout cas, il est universellement accepté qu'un
fonctionnaire diplomatique travaille à s'instruire de ce

---

(1) *Traité de diplomatie*, par le comte de Garden (1833),
t. 2, p. 56.

(2) Ch. de Martens, *Guide diplomatique* (1832), tome 1,
page 128 et 129.

(3) Nous persistons à repousser la corruption des fonctionnaires étrangers encore que cette opinion expose ceux
qui la professent à un certain danger, puisqu'un ancien commis aux Affaires étrangères, tout en condam-
nant cette ressource, ajoutait que pour ne pas se *faire
lapider dans le monde politique*, il se bornait à conseiller à
n'y avoir recours qu'au défaut de tout autre moyen. (Voir
Pecquet. *Discours sur l'art de négocier avec les souverains.*
Paris, 1737, pages 91 et 92.)

qui se passe dans les pays où il réside sans commettre une offense contre l'ordre public, et que ses investigations professionnelles ne sauraient dégénérer en délit, pourvu qu'il les accompagne d'un peu d'adresse et de quelques précautions.

Pour la seconde classe de fonctionnaires : envoyés, chargés des affaires privées d'un Etat ou d'un souverain, négociateurs d'emprunts, agents secrets mais connus du gouvernement étranger, commissaires avec mandats spéciaux et temporaires, ils ne jouissent pas des immunités diplomatiques ; ils ont droit cependant à l'inviolabilité et à l'exemption de la justice locale dans la mesure nécessaire à l'accomplissement de leur mission. Toutefois, la latitude d'informations accordée aux agents diplomatiques serait plus étroite à leur égard. Les sous-entendus de la fonction diplomatique n'existent pas pour eux, et ils se trouvent ainsi tenus à la plus prudente réserve.

Restent les fonctionnaires publics ordinaires, qui pénètrent accidentellement sur le territoire étranger, soit à raison de rapports de frontières, de voyages d'affaires ou pour des motifs de convenance privée. Cette situation ne comporte pas un rôle d'informateur, dont le gouvernement étranger soit obligé de faire état, en vertu d'une sorte de tacite usage. En s'y livrant, ils rentreraient dans la catégorie des agents secrets, non connus de l'Etat étranger, pour lesquels la pratique de la vie internationale n'a pas admis de particulière condescendance. Aucun Etat n'est obligé de souffrir chez lui des émissaires secrets, qu'à son insu un Etat étranger envoie sur son territoire, en les chargeant d'une commission politique; « il peut les traiter comme particuliers et les punir, s'ils sont espions ou perturbateurs ». (1)

Si, pendant leur séjour dans l'Etat étranger, la curiosité de ces fonctionnaires dépassait l'indiscrétion per

---

(1) De Martens, *Droit des gens.* Des missions secrètes. § 249.

mise, l'Etat ainsi étudié de trop près serait amené justement à se défendre. Acquerrait-il la preuve que le fonctionnaire a agi en vertu d'une commission secrète de son gouvernement, l'incident pourrait donner lieu à un échange d'explications diplomatiques et à des admonestations officielles à l'Etat mandant. Aucune preuve de ce genre ne serait-elle rapportée, l'Etat lésé aurait le choix, ou de rester galamment sur le terrain de la courtoisie internationale (la grandeur d'âme peut être quelquefois la suprême habileté) et de renvoyer le fonctionnaire maladroit à son gouvernement avec invite à lui décerner tout autre chose qu'une récompense, — ou de livrer le délinquant pieds et poings liés à la vindicte des lois locales sur l'espionnage et les attentats à la sûreté de l'Etat.

Les événements déconseillent-ils la générosité, le salut public ordonne-t-il que la loi suive son cours, alors il n'y a point de différence à établir entre l'étranger, simple particulier ou fonctionnaire public ordinaire, pris en flagrant délit ou convaincu d'espionnage sur le territoire : le même traitement les attend tous deux. Les règles que nous avons exposées sur le caractère même de l'espion, les traits essentiels du délit d'espionnage, les circonstances qui l'abolissent après qu'il a été commis, s'appliquent au fonctionnaire étranger, pour le condamner ou l'absoudre.

Nous avons nettement combattu la prétention de poursuivre judiciairement comme espion, à titre d'agent principal ou de complice, l'individu qui s'est abstenu d'agir sur le territoire de l'Etat étranger et dont l'action, plus ou moins nuisible à cet Etat, ne s'est exercée qu'en dehors des lieux où s'étend sa souveraineté. Nous avons fait ressortir qu'une pareille compétence ne se fondait que sur une interprétation excessive du caractère tout exceptionnnel de l'extra-territorialité de la loi pénale, et était contredite par la nature même du délit *sui generis* dont nous nous occupons. Cette théorie inadmissible au regard des simples individus, va nous apparaître encore bien plus grosse d'abus, bien plus intolérable, lorsqu'elle sera dirigée contre des fonctionnaires publics étrangers. Sur une pareille pente, on arrive rapidement à l'absurde.

Les peuples de même culture forment sans douté une communauté internationale reposant sur l'observation des plus pures vertus ; bienveillance réciproque, désintéressement, assistance aux faibles, résistance contre les forts, entente cordiale pour l'avènement en ce monde du bon, du bien et du juste. Au milieu de cette harmonie éclatent de temps en temps quelques conflits, connus sous le nom de guerres. Ce sont de simples accidents, un orage qui ramène la pureté du ciel. Bientôt, l'édifiant concert recommence ; on redevient « Etats amis », s'avançant la main dans la main à la conquête du progrès moral et matériel. Telle est la fiction consolante où nous vivons, et vers laquelle montent nos regards inquiets, comme vers une image sacrée, lorsqu'un bruit sourd d'armes remuées mêle brusquement sa note discordante à l'hymne de paix que chantent les nations.

Malgré l'édifiant spectacle que présente le monde civilisé, le souvenir des « accidents connus sous le nom de guerres » hante involontairement l'esprit des peuples ; pour en mieux prévenir le retour, ils ont imaginé de consacrer leur existence à s'y préparer. On leur a même à cet effet composé un bel adage en latin, que toute gazette européenne qui se respecte s'en va imprimant tout vif au moins une fois chaque jour : *Si vis pacem para bellum.* Insensiblement le temps de paix est devenu la préface de la guerre ; et tout en vivant les uns avec les autres sur le pied de la plus franche cordialité, les mœurs ont admis que la vie nationale prît sa direction avec la perspective plus ou moins reculée d'une destruction générale, mutuelle et définitive.

Avec cette conception très particulière du but de l'activité humaine, à laquelle présentement l'effort des penseurs de tant de siècles et de tant de races semble avoir abouti, la pratique des rapports internationaux a admis des agissements conformes. On s'emprunte les uns aux autres toutes les ressources nécessaires pour se détruire réciproquement : argent, inventions, engins, munitions, organisation, idées. L'échange se pratique avec la plus grande libéralité. On admet également la surveillance réciproque de ses forces, de ses moyens de toutes sortes, politiques, financiers, militaires, etc. :

Hanc veniam damus petimusque vicissim.

Quelques publicistes, attachés aux vieilles terminologies, l'appellent encore espionnage. Des formules plus polies ont été trouvées. Mais quel que soit le nom, la chose se pratique ouvertement, et a même atteint un degré de méthode inconnu du temps de Hugo Grotius, « dont on ne doit jamais parler sans vénération » (1).

Cette pratique, conséquence nécessaire d'un état où la préparation de la guerre est devenue l'occupation principale de la paix n'est pas réprouvée par le *comitas gentium*. Nous avons déjà cité l'opinion d'éminents publicistes allemands (2), on le répétait encore ces jours-ci avec un sentiment assez vif de la réalité : L'espionnage est pratiqué par tous les pays, c'est-à-dire, que toutes les puissances entretiennent des agents secrets ou espions chargés de recueillir des renseignements sur les moyens d'action des autres puissances (3).

Ainsi très licitement les nations s'efforcent de se renseigner les unes sur les autres; très licitement elles s'envoient réciproquement des ambassadeurs, avec la double mission de les représenter et de les informer; licitement encore elles entretiennent sur leurs territoires respectifs des agents secrets qui « sous de faux prétextes et avec déguisement » tâchent à parfaire les indications incomplètes des agents officiels !

Mais une nation est une entité abstraite, qui vit et se manifeste à l'aide d'une série d'individus, superposés et

---

(1) Wicquefort. *Traité de l'ambassadeur*. L. Iᵉʳ. Sect. 27.

(2) Heffter et Geffcken, paragraphe 249.

(3) *Kolnische Zeitung*, 28 et 29 avril 1887. (*Journal d'Alsace*).

hiérarchisés entre eux, qu'on nomme des fonctionnaires publics ; ministres gouvernants au sommet, agent d'importance et de responsabilité variables aux divers degrés de l'échelle.

Comment une action innocente pour la nation prise en sa collectivité deviendrait-elle répréhensible pour les organes qui l'accomplissent, c'est-à-dire, pour les fonctionnaires publics ? C'est une nécessité pour l'Etat de surveiller ce que fait l'Etat voisin ; sa propre conservation dépend en partie du degré d'instruction auquel il parvient en ce point : de là, la légitimité du regard qu'il jette au delà de la frontière. Cette investigation n'implique pas d'ailleurs une pensée d'aggression ; mais plutôt de défense. Comment le fonctionnaire qui agira pour satisfaire à ce besoin organique de l'Etat, offensera-t-il l'Etat étranger ? Comment un chancelier, un ministre des affaires étrangères, un ministre de la guerre commettront-ils un acte de trahison envers un Etat étranger en remplissant simplement leur devoir envers la patrie ? Comment les fonctionnaires qui dans l'enceinte du territoire national aideront à l'accomplissement de ce devoir, et par cela même exécuteront le leur, auront-ils pu se livrer à un acte tombant sous la répression d'un Code étranger ? Enfin, comment un Etat se permettra-t-il de déclarer coupables et de citer à la barre de sa juridiction des étrangers qui font leur devoir dans leur pays, tout comme ses propres fonctionnaires font eux-mêmes le leur chez lui, en dressant contre le pays même auquel appartiennent les fonctionnaires inculpés, les savantes batteries de leurs informations. Une telle prétention est la négation même des nécessités de l'existence internationale, et des principes de mutuelle indépendance qui en sont la condition fondamentale.

Ce n'est pas tout. Comme une fois mal engagé, on roule d'énormité en énormité sans pouvoir se retenir, l'opinion que nous combattons tire logiquement les dernières conséquences de ses inacceptables prémisses. Elle raisonne ainsi : le fonctionnaire public étranger, grand ou petit, qui requiert des renseignements « dont le secret vis-à-vis d'un autre gouvernement est nécessaire pour le bien de l'empire » (1) commet un délit contre l'Etat ; ayant manqué au Code pénal de l'empire, justiciable de ses Tribunaux, il est soumis à toutes leurs règles de procédure ; au nombre de ces règles est la poursuite contre les absents : dès lors, même si le fonctionnaire étranger n'est pas saisi ou rencontré sur le territoire, il sera poursuivi et jugé par contumace. On se rappelle que ce raisonnement contre lequel protestent les plus élémentaires principes du droit des gens, s'étaye sur la lettre de certains articles de loi (2).

Un document officiel portant un nom considérable (3) a formellement réservé cette thèse dangereuse. L'expérience des affaires privées a appris à chacun de nous, qu'en matière de transaction, on réserve toujours ce que l'accord du moment n'a pas pour but direct de trancher. Mais ces réserves restent souvent platoniques : celui qui les a stipulées trouve excessif ou inopportun de s'en servir. Nous croyons qu'en fait ce sera le sort de celles auxquelles nous faisons allusion.

Si l'évènement démentait nos prévisions, l'Europe pourrait insensiblement être entraînée, par un exemple tombé de si haut, à une attitude singulièrement mortifiante pour sa dignité.

Chaque nation se mettrait à instruire des procès par contumace contre les fonctionnaires des autres nations, dont il redouterait particulièrement les lumières ou l'activité ; ministres, hommes d'Etat, généraux seraient exposés à tour de rôle à ces procédures de représailles. Notez que les poursuites criminelles, en s'adressant à eux, iraient aux vrais coupables. Car, qui organise,

---

(1) Code pénal allem. de 1871, art. 72.

(2) Code pénal allem. de 1871, art. 4. — Code de procédure pénal allem. de 1871, art. 8.

(3) Note officielle de M. de Bismarck à M. Herbette, ambassadeur de France à Berlin, 28 avril 1887. (V. *Supra*, p. 21, note 3.

encourage, entretient le service des renseignements étrangers, si ce n'est ceux qui gouvernent ?

Le modeste sous-préfet, directeur de cercle, ou commissaire de police qui s'efforce d'obtenir, dans le court rayon de son influence, quelques notions à transmettre à ses chefs, n'est pas le véritable délinquant. S'il y avait un coupable ce serait le chef suprême auquel aboutissent, par des ramifications compliquées, la somme des informations obtenues. Or, comme les gouvernants des divers Etats sont en possession de renseignements ou même de pièces, dont la communication n'a été ni faite ni obtenue pour le bien de l'Etat, objet de ces investitions, leur procès serait sûr. Il suffirait que l'on sût en France que le chancelier de l'empire ou le chef de l'état-major de l'armée allemande possède quelques renseignements sur le plan de mobilisation, quelques croquis de place forte, quelques indications sur les effets du dernier explosible, pour que le prince de Bismarck ou le feld-maréchal de Moltke, devinssent l'objet d'une poursuite secrète et risquassent d'être arrêtés, si, cédant à un conseil médical, ils venaient demander aux stations thermales de Vichy ou de Plombières le rétablissement de leur santé. Ce serait tout à la fois odieux et inepte.

Et pourtant en France, comme ailleurs, on pourrait presser le texte des lois de façon à en faire sortir cette absurde violation du droit des gens. Dans la loi du 18 avril 1886 sur l'espionnage, que la France a adoptée pour hausser son appareil législatif au ton général (1), l'article 3 s'exprime ainsi : « La peine

---

(1) « Le projet de loi qui vous est présenté par le gouvernement est pleinement justifié par l'obligation qui s'impose à la France de se tenir au niveau des autres peuples. La plupart de nos voisins ont en effet inscrit dans leurs codes des dispositions semblables à celles qu'il s'agit d'établir chez nous. L'Italie, la Hongrie, l'Autriche, l'Allemagne, la Hollande, poursuivent l'espionnage pendant la paix comme pendant la guerre. Quelques-uns de ces pays rendent

de l'emprisonnement de six mois à trois ans et d'une amende de 300 fr. à 3,000 fr. sera appliquée à toute personne qui, sans qualité pour en prendre connaissance, *se sera procuré* lesdits plans, écrits ou documents ». En combinant cet article avec l'article 60 du Code pénal, qui prévoit tous les genres de complicité, et les art. 186, 465 et suivants du Code d'instruction criminelle sur la procédure par contumace, il ne serait pas impossible non plus, tout comme par le rapprochement des articles 4 du Code pénal allemand et 8 du Code de procédure criminelle allemand, d'essayer une entreprise hardie contre le droit des gens et le bon sens.

Le seul mérite d'un procès de ce genre serait celui de la nouveauté. Dans les rapports internationaux, les occasions n'ont pas manqué à un Etat d'avoir à se plaindre de la conduite des fonctionnaires d'un autre Etat ou d'actes d'espionnage dont l'inspiration était imputable à ses régents politiques. Jusqu'ici, l'Etat lésé n'avait pas prétendu amener à sa barre les fonctionnaires de l'autre Etat et s'arroger, les circonstances aidant, le droit de s'en saisir et de les écrouer dans ses geôles.

« Jadis propriétaire en Russie, dit un ancien sujet russe, j'habitais mes terres situées sur la frontière d'Autriche, au moment de l'insurrection polonaise de 1863. Les relations entre la Russie et l'Autriche étaient tendues : la répression contre les insurgés s'exerçait dans des conditions de sévérité telles que, pour les Polonais, la porte de l'Autriche c'était le salut. Les autorités autrichiennes et les populations limitrophes sympathisaient avec les proscrits dont ils facilitaient quasi ouvertement la fuite. Les Russes poursuivaient les fuyards jusqu'à la frontière avec acharnement, mais jamais l'idée n'est venue à ce gouvernement d'entraver brutalement l'auto-

---

ce genre d'attentat passible des juridictions militaires. » (Rapport de M. Gadaud à la Chambre des députés. — *Journal officiel* du 16 avril 1886. Déb. parlem., p. 796.)

rité d'un agent de frontières, censé toujours avoir **pris** ses instructions à Vienne » (1).

Une correspondance russe (2) nous apprend que l'état-major russse a en mains les copies de tous les procès-verbaux des travaux d'un conseil supérieur de guerre tenu à Berlin, postérieurement à 1871, sous la présidence du général de Blumenthal, à l'effet de dresser un plan de campagne de l'armée allemande se dirigeant partie par Thorn et Kutno sur la Pologne, partie par Kœnigsberg et Kutno sur Pétersbourg. Ce document est-il un plan de campagne réel, ou un simple exercice théorique de tactique donné comme thème d'étude aux officiers de l'état-major allemand? La question importe peu. Ce qu'il y a d'intéressant, c'est qu'une telle pièce, avec cartes à l'appui, soit à Pétersbourg : elle n'y est pas venue toute seule assurément, et pourtant on n'a pas entendu dire qu'aucun feld-maréchal russe fût traduit devant les tribunaux du pays, intéressé à ce que cette communication n'ait pas eu lieu.

Les gazettes prétendent qu'un officier d'état-major allemand a été arrêté dans les environs de Varsovie, en train de recueillir quelques données topographiques. Le général Gourko, qui commande en Pologne, l'aurait maintenu en état d'arrestation. A Bonifacio (Corse), un étranger a été arrêté dans les mêmes conditions. Au ministère de la guerre, à Paris, on vient de chasser un misérable qui abusait de sa situation pour révéler ce qu'il devait taire. A Lyon, en 1886, on a surpris des étrangers tentant de corrompre un jeune soldat pour obtenir de lui le type d'une arme nouvelle. Plus récemment, à Chatham, à Woolwich, en Angleterre, on sévissait contre des malheureux qui trafiquaient, au profit d'étrangers, des renseignements appris dans leurs fonctions. Les gouvernements intéressés ont pris, contre les indi-

---

(1) L'*Incident de Pagny et l'alliance russe* (prince Lubomirski). Paris, Dentu. 1887, 1 br. in-8°.

(2) Le *Temps*, 6 mai 1887.

vidus qui les attaquaient ainsi dans leur sûreté, sur leur propre territoire, les mesures qu'ils ont jugées opportunes. Mais aucun d'eux n'a songé à impliquer dans une poursuite les fonctionnaires étrangers dont l'inspiration a pu être retrouvée dans les actes commis sur le territoire. L'impossibilité d'une telle entreprise apparaît avec une telle évidence que la pensée ne s'y arrête même pas un instant.

Nous voulons clore sur ce point par une réflexion sur l'incident actuel empruntée à une revue anglaise, d'une renommée déjà ancienne : « Rarement les prétentions qui se cachent sous cette affaire ont été produites, mais en réalité, elles sont d'un caractère grave (*a very serious one*). Si quelque puissance. européenne trouve des sujets d'un Etat étranger complotant contre lui, il défère la question au gouvernement dont le sujet a conspiré, et il réclame son aide bienveillante, ou il poursuit le conjuré devant ses juges naturels (*before his native court*). La Russie a, croyons-nous, pris cette dernière voie dans les cas où la sécurité de ses finances était menacée par la fabrication des roubles.

» Nous-mêmes en Amérique, nous avons pris la première, quoique sans succès, à cause de la constitution fédérale de l'Union américaine. Nous n'avons pas la prétention de saisir au Canada les citoyens nés américains parce qu'ils souscrivent aux sociétés de dynamite.

» Les Cours allemandes, cependant, prétendent que si cet étranger, sans entrer en Allemagne, commet des actes de haute trahison envers l'Allemagne, il peut être jugé et condamné par défaut ; puis, s'il entre en Allemagne, saisi et puni. Cette prétention a été produite si rarement qu'il est à peine nécessaire de la discuter ; mais sûrement elle est monstrueuse (*a monstruous one*). Un individu peut être coupable dans son pays, de conduite nuisible (*injurious*) envers un Etat étranger, et cependant n'avoir pas commis un crime qui, à proprement parler, l'expose à être puni par cet Etat.

» Une telle loi est injuste en principe, car il peut être

du devoir strict d'un fonctionnaire (*clear duty of one of-ficer*) d'un Etat d'entraver l'action d'un autre; — elle est exceptionnelle en Europe, et nous n'en pouvons imaginer une qui plus vraisemblablement amène l'aigreur (*bitterness*) entre peuples, et même la guerre. Aucune grande puissance (*first-class state*) ne l'appliquerait à un individu de conséquence (*to a great subject*) et il ne serait pas loyal de l'appliquer à une personnalité modeste. » (1)

4° Dans tous les cas, la juridiction nationale procèdera-t-elle légitimement contre l'étranger, individu ou fonctionnaire, si sa présence sur le territoire a été provoquée sous un prétexte quelconque ?

Au point de vue exclusivement juridique, l'examen de cette question ne s'imposerait pas dans l'espèce, puisque le fondement même de l'inculpation spéciale

---

(1) *The Economist*, de Londres, vol. XLV, 30 avril 1887, p. 551.
L'article se termine par les considérations suivantes : « La défense ordinaire d'une pareille disposition, que chaque Etat a le droit de faire ses propres lois, n'est sûrement pas applicable ici. Chaque Etat possède ce droit mais limité par les traités et la courtoisie internationale (*general comity of nations*) sans laquelle la paix serait impossible. Supposez qu'un Etat édicte une loi autorisant la piraterie contre les navires d'un Etat déterminé, serait-ce une loi ou une mauvaise façon de déclarer la guerre ? Si une loi comme la loi allemande peut être défendue, que devient le droit d'asile, en vertu duquel chaque Etat est justifié d'abriter un étranger accusé de haute trahison dans sa patrie, alors même qu'il a excité à la guerre contre son souverain ? Sûrement, si l'Etat a le droit de se protéger lui-même, *a fortiori*, sa compétence s'étend sur ceux qui lui sont soumis ; il peut insister pour que les actes commis sur son territoire soient déférés à ses Tribunaux. La loi (allemande) de fait est injuste, et en la maintenant l'Allemagne retourne au principe que la force fait le droit (*force makes right*) et elle élève une prétention qu'un Etat moins protégé par sa force militaire n'oserait pas défendre (*no State less protected by her military position, would venture to defend*). »

dirigée contre le fonctionnaire français, n'est pas justifié. L'affaire Schnœbelé, selon nous, ne comporte pas
de délit contre l'Etat qui se plaint; dès lors, tout motif
pour la compétence exceptionnelle de la juridiction du
plaignant disparaît. S'il en est ainsi, la circonstance de
la présence du commissaire français en territoire allemand, tout en donnant ouverture aux questions pré-
cédemment étudiées, n'a plus aucun résultat utile.

Qu'importe que le fonctionaire étranger se soit trouvé
pendant un instant de raison sur un autre territoire que
le sien. Le droit des gens, les traditions les moins con-
testables, la pratique la plus suivie entre les peuples ne
laissent à sa charge aucune infraction ; dès lors, il est à
l'abri de toute arrestation, comme de toute procédure.

Que sa présence sur ce territoire ait été provoquée ou
spontanée, les principes n'en sont point changés ; inno-
cent, il ne peut être traité en coupable.

Pour qu'il soit intéressant de démêler la cause de la
présence du commissaire français en terre allemande,
il faut supposer que la démonstration à laquelle nous
nous sommes livré est vaine, et que l'on ne recule pas
devant l'affirmation qu'un fonctionnaire commet un délit contre un Etat étranger en recueillant des renseignements sur lui, selon le devoir de sa charge, et qu'en
outre, si d'aventure ce fonctionnaire, sortant de son territoire, s'est livré dans quelque excursion au-delà de
la frontière, à des investigations indiscrètes, rien ne
purgera cette imprudence, ni le fait de n'avoir pas été
pris en flagrant délit, ni celui d'être rentré depuis long-
temps sur son territoire, circonstance qui, même en
temps de guerre, efface toute culpabilité.

C'est, du reste, la thèse résolument posée par le gouvernement allemand (1) et qu'il entend maintenir, puisque les nouvelles de Berlin confirment que le procès du

---

(1) Voir note officielle de M. de Bismarck. *Supra*, p. 21,
note 3.

commissaire français suivra son cours devant le Reichsgericht, à Leipsig (1).

Dans l'hypothèse de la possibilité d'une incrimination,
où la doctrine de la Note de M. de Bismarck nous con-
traint de nous placer subjectivement, la question de savoir si le commissaire français a franchi la frontière, de
son initiative privée ou sur invitation, prend une très
grande importance. C'est le terrain pratique où la diplomatie s'est de suite réfugiée. Les autres positions du
débat impliquaient des affirmations de principes, où les
divergences s'accentuaient, et la conciliation risquait
d'échouer. Ici l'entente était facile. Toutes réserves faites
sur la recevabilité de la poursuite et la culpabilité du
prévenu, ce dernier était-il venu aux mains de l'Etat,
qui prétendait le juger, par une voie régulière ?

L'enquête des deux gouvernements en présence s'est
rencontrée sur la même évidence. Le commissaire français de Pagny-sur-Moselle ne s'était engagé sur le territoire allemand que pour se rendre à une invitation officielle à lui adressée par son collègue d'Ars-sur-Moselle
Dès lors, non seulement le commissaire français n'étai
pas volontairement sorti de son territoire, mais il ne
l'avait quitté que pour affaire de service. Du même
coup disparaissaient les points d'interrogation irritants
sur la préméditation, le guet-apens, etc. La solution se
dégageait avec une grande aisance et trouvait de suite sa
formule très précise dans la Note du chancelier allemand : « Le soussigné a été conduit à agir ainsi (demande à l'empereur de la mise en liberté de M. Schnœbelé) en se basant sur un principe du droit des gens,
d'après lequel il faut toujours considérer comme un
véritable sauf-conduit l'invitation qui entraîne la traversée de la frontière dans le but de régler des questions
administratives entre deux Etats voisins. Il n'est pas
croyable que le fonctionnaire allemand, M. Gautsch,

---

(1) Télégrammes de Berlin du 8 mai. Le *Temps*, 9 mai
1887. — *Times* du 10 mai 1887.

ait donné un rendez-vous à M. Schnœbelé pour rendre possible l'arrestation de celui-ci. Mais il existe des lettres qui prouvent qu'au moment de son arrestation, M. Schnœbelé se trouvait à l'endroit où il a été arrêté pour répondre à l'invitation d'un fonctionnaire allemand avec lequel il devait discuter des affaires de service. Si les fonctionnaires de la frontière étaient exposés à être arrêtés dans des cas semblables, l'accomplissement de leur mission deviendrait très difficile, à cause de la prudence qu'ils devraient observer, et qui est incompatible avec l'esprit et les traditions des relations internationales. Le soussigné est donc d'avis qu'en tout temps ces rendez-vous administratifs doivent être pour les fonctionnaires des deux parties un sauf-conduit certain » (1).

Cette théorie du sauf conduit administratif, qui est irréprochable, a été renforcée dans le cas actuel par l'invocation d'un accord diplomatique spécial intervenu entre les deux pays. En 1877, la France et l'Allemagne, comme suite à l'article premier du traité préliminaire de paix du 28 février 1871, ont fait régler par une commission internationale la position de la ligne frontière. Ce règlement a été constaté, le 26 avril 1877, dans un procès-verbal de délimitation signé, pour la France, par le général Doutrelaine, le colonel Laussédat et Bouvier; pour l'Allemagne, par Strantz, Rhein, Bruce. Ce procès-verbal a été approuvé par le maréchal de Mac-Mahon, le 11 mai 1877, et par l'empereur Guillaume le 13 mai. Le procès-verbal d'échange des ratifications a été clos à Metz le 31 mai 1887. Deux articles du procès-verbal de délimitation sont ainsi conçus :

« Art. 27. — La conservation des bornes et autres signes déterminant la frontière sera confiée à la vigilance des autorités locales, qui devront constater par des pro-

---

(1) V. le texte complet de la note de M. de Bismarck, *supra.*

cès-verbaux qu'elles transmettront aux autorités supé-
rieures, les altérations que la limite aura pu éprouver.

Art. 28. — Des commissaires français et allemands,
désignés à l'avance par leurs gouvernements respectifs
seront chargés de la surveillance de l'abornement ; ils
constateront dans chaque cas particulier, la nécessité du
remplacement des bornes endommagées ou de la remise
en place des bornes déplacées. La dépense des travaux
sera supportée également par les deux parties (1) ».

On a qualifié « d'expédient ingénieux » la découverte
et la mise en œuvre de ces textes diplomatiques. L'expression doit s'entendre en un sens laudatif. Dans les
discussions délicates, où l'amour-propre des nations est
en jeu, quelques textes, cités à propos, font grand
bien ; ils ménagent les retraites honorables. Dans le présent conflit, ils permettaient d'établir que non seulement
le commissaire français était nanti d'une invitation du
fonctionnaire allemand pour affaire de service, mais
qu'il avait légitime motif d'y déférer, puisqu'il s'agissait entre eux d'une question de bornage et de délimitation, et que l'expédition de ces sortes d'affaires avait
été placée dans leurs attributions respectives par un accord international.

Cependant, il importe de remarquer que les articles
conventionnels du procès-verbal de 1877 n'eussent-ils
pas existé, la position du commissaire français était
juridiquement la même. Si, en l'absence de toute con-
vention, le fonctionnaire d'un Etat invite le fonctionnaire d'un autre Etat à venir chez lui, il sera toujours
contraire aux premières notions du droit des gens, que
l'Etat, où se trouve le fonctionnaire étranger, profite de
l'occasion pour s'emparer de sa personne et le déférer à

---

(1) On trouvera ces textes *in extenso* dans le volume IV
du magnifique recueil des traités, actes, etc., relatifs à la
paix avec l'Allemagne, publié par notre éminent et très
regretté ami, M. Villefort, ancien directeur au ministère
des affaires étrangères. — Imprimerie nationale, à Paris,
1872-1879, 5 vol. in-8°.

ses tribunaux, sous l'inculpation même la moins critiquable.

C'est d'ailleurs sur le large terrain des principes que la Chancellerie allemande s'est nettement campée. Elle a déclaré que le commissaire français était relâché parce qu' « un rendez-vous administratif équivalait à un sauf conduit certain ». Et si le procès-verbal de délimitation de 1877 a joué un rôle utile dans l'échange de vues des représentants des deux nations, il a disparu de la rédaction de la note officielle allemande, pour laisser place à une pure formule théorique.

Il est préférable, à raison de la hauteur même des questions engagées dans ce conflit, qu'il ait été clos par une déclaration de principes. La jurisprudence du droit international y aura au moins gagné, en ce point, un précédent, dont la valeur dépasse singulièrement celle d'une décision d'espèce.

Si l'individu ainsi convoqué avait été un simple particulier au lieu d'être un fonctionnaire public et qu'il eût été aussi l'objet d'une poursuite criminelle, la même solution était commandée. Les raisons seraient d'égale valeur. On ne saurait profiter de ce qu'un étranger défère à l'invitation d'une autorité nationale, pour le prendre en quelque sorte au piège et pour payer de la prison un acte de loyale déférence.

Cette particularité de la présence non-volontaire d'un inculpé, sur le territoire de l'Etat qui a ouvert des poursuites contre lui, a remis en mémoire des précédents qui ont été cités dans ces derniers temps un peu à tort et à travers.

On a omis de considérer la différence des matières. Lorsqu'il s'agit de crimes ou de délits de droit commun, commis par un national, hors du territoire, la poursuite n'est possible que si l'inculpé rentre *volontairement* dans le pays dont les tribunaux ont compétence pour le juger (1). Mais lorsque les actes incrimi-

---

(1) Voir l'art. 5 du Code d'instruction criminelle français et les différentes lois étrangères cités p. 24 et suiv. *Sic.* Paris

nés se rapportent à des attentats déterminés commis à l'étranger par des étrangers, la vertu extraterritoriale, attribuée exceptionnellement à la loi pénale, se produit par le seul fait de la présence de l'agent sur le territoire, encore que la volonté de l'agent n'ait pas été libre, comme au cas d'extradition. Ce qu'il faudra seulement et toujours rejeter, c'est l'emploi de la ruse pour amener l'inculpé sur le territoire, ou la mise à profit d'une circonstance où le principe supérieur de la loyauté *erga omnes* recevrait une atteinte. Il n'y aurait plus alors à distinguer entre les cas.

Il y a quelques années, un déserteur français réfugié à Mons (Belgique) a été attiré, par le calcul d'une vengeance privée, dans un rendez-vous sur le territoire français et dénoncé à la gendarmerie. Les autorités françaises ont refusé de procéder à l'arrestation du coupable et de profiter du piège tendu. Cette conduite, inspirée des sentiments d'une haute moralité, mérite d'être imitée; mais elle n'était au fond que l'observation stricte de l'article 5 du Code d'instruction criminelle français, qui exige, en cas pareil, le retour *spontané* du coupable sur le territoire. Elle devrait être encore observée, si au lieu d'être Français le délinquant était étranger, et même si l'infraction par lui commise en terre étrangère, rentrait dans la catégorie des attentats contre la sûreté de l'Etat.

Dans cet ordre d'idées l'Italie et la France sont même allées beaucoup plus loin. En 1821, le Conseil de guerre de Turin poursuivait, pour avoir conspiré contre la

---

17 juin 1870 (Picard) S. 71. 2. 66. « La grande raison de la compétence de la juridiction française, c'est la présence de l'agent sur le territoire ; c'est elle qui amenant le trouble dans la cité rend l'exemple nécessaire; sans cela, la Société n'aurait pas de droit parce qu'elle serait dépourvue d'intéêt (Exposé des motifs de la loi du 27 juin 1865). — « Par ces mots, *à son retour en France*, la loi a entendu un retour volontaire et spontané ». C. de Cassation crim. (Arnoux) 5 février 1857 ; S. 57. 1. 219.

forme du gouvernement, un sujet sarde. Celui-ci s'était réfugié à bord d'un vaisseau espagnol faisant voile vers Gibraltar ; un naufrage le rejeta sur les côtes de Ligurie. Le Conseil de guerre, par respect pour les principes d'humanité et de droit des gens, décida qu'il serait rendu au commandant du navire (1).

En 1800, des émigrés s'échappèrent du château de Ham, et s'embarquèrent pour l'étranger. La tempête les ramena sur le littoral français Les consuls de la République française décidèrent dans un arrêté célèbre qu'ils devaient être relâchés, parce « qu'il est hors du droit des nations policées de profiter de l'accident d'un naufrage pour livrer au juste courroux des lois des malheureux échappés aux flots » (2).

Ce sont là de chevaleresques précédents, qui dépassent certainement les exigences du droit des gens et de la délicatesse morale dans leurs rapports avec le Code pénal.

---

(1) Fiore et Antoine. *Droit pénal international*, p. 72, et Massa Saluzzo. *Codice di procedura criminale*, § 116.

(2) Voici *in-extenso* le texte de cet arrêté : « 18 frimaire an VIII. — Les consuls de la République chargés spécialement de l'ordre dans l'intérieur, après avoir entendu le rapport du ministre de la police générale ; — Considérant : 1° que les émigrés détenus au château de Ham ont fait naufrage sur les côtes de Calais ; 2° qu'ils ne sont, dans aucun cas prévu par les lois sur les émigrés ; 3° qu'il est hors du droit des nations policées de profiter de l'accident d'un naufrage pour livrer, même au juste courroux des lois, des malheureux échappés aux flots, — Arrêtent: Article premier. Les émigrés français naufragés à Calais, le 23 brumaire, an IV, seront déportés hors du territoire de la République. Article 2. Les ministres de la police générale et de la guerre sont chargés, chacun en ce qui le concerne, de l'exécution du présent arrêté qui sera imprimé au Bulletin des Lois. Les consuls de la République : Roger-Ducos, Sieyès, Bonaparte. Pour copie conforme, le secrétaire général : Hugues, B Maret. » (Fiore et Antoine, *loc. cit.*, p. 72.)

Cependant, de tels exemples — inoffensifs, car ils ne sont pas contagieux — ont leur avantage : ils répandent comme un parfum de clémence sur la dureté des choses de la vie.

Et il ne saurait déplaire de voir de loin en loin germer sur le rude terrain de la loi répressive, cette fleur exquise, — honneur de l'humaine culture, — qui s'épanouit si rarement à la boutonnière des hommes d'Etat, et qu'on nomme la générosité.

TABLE

—

Paris — Imp. J. Kugelmann, 12, r. Grange-Batelière.

BIBLIOTHEQUE NATIONALE DE FRANCE
3 753102235372 7